Torcer, lutar, ao inimigo massacrar: Raça Rubro-Negra!

VIOLÊNCIA
CULTURA
PODER

Uma etnografia sobre futebol, masculinidade e violência

VIOLÊNCIA CULTURA PODER

Rodrigo de Araujo Monteiro

Torcer, lutar, ao inimigo massacrar: Raça Rubro-Negra!

Uma etnografia sobre futebol, masculinidade e violência

Coordenação da série

Alba Zaluar

FGV EDITORA

ISBN — 85-225-0444-X

Direitos desta edição reservados à
EDITORA FGV
Praia de Botafogo, 190 — 14º andar
22250-900 — Rio de Janeiro, RJ — Brasil
Tels.: 0800-21-7777 — 0-XX-21-2559-5543
Fax: 0-XX-21-2559-5532
e-mail: editora@fgv.br
web site: www.editora.fgv.br

Impresso no Brasil / *Printed in Brazil*

1ª edição — 2003

Revisão de originais: Luiz Alberto Monjardim

Editoração eletrônica: Victoria Rabello

Revisão: Fatima Caroni e Mauro Pinto de Faria

Capa: aspecto:design

Ficha catalográfica elaborada pela Biblioteca
Mario Henrique Simonsen/FGV

Monteiro, Rodrigo de Araujo
Torcer, lutar, ao inimigo massacrar: Raça Rubro-Negra! : Uma etnografia sobre futebol, masculinidade e violência / Rodrigo de Araujo Monteiro. — Rio de Janeiro : Editora FGV, 2003.
120 p. — (Violência, cultura e poder)

Inclui bibliografia.

1. Violência nos esportes. 2. Futebol — Torcedores. I. Fundação Getulio Vargas. II. Título. III. Série

CDD – 796.334

A Edna Maria e Marco Antônio

SUMÁRIO

APRESENTAÇÃO

Violência, cultura e poder

Alba Zaluar

A abordagem que adotei em 1980 para estudar a violência urbana, desde logo apresentada na mídia como resultado apenas da ação de pequenos e médios delinqüentes que habitavam as regiões mais pobres e as favelas da cidade, procurava desconstruir os estereótipos cristalizados na direita e na esquerda. Na direita, porque esses delinqüentes seriam os únicos culpados a serem encarcerados; na esquerda, por serem vítimas de um sistema iníquo que necessariamente fazia deles homens violentos e predadores. Não se fazia a conexão deste inusitado crescimento da violência entre os jovens pobres com as profundas transformações nas formas de criminalidade que se organizaram em torno do tráfico de drogas, em especial da cocaína, e do contrabando de armas, dois negócios extremamente lucrativos que atravessaram fronteiras nacionais e que passaram a mobilizar as várias máfias transnacionais com seus agentes pertencentes a classes sociais superiores. Não se falava do que representavam esses negócios no funcionamento de um mercado livre de quaisquer limites institucionais ou morais, com que nem os mais liberais entre os liberais sonharam, justamente por transacionar mercadorias ilegais.

A recusa em aceitar que novas formas de associação entre criminosos tivessem mudado o cenário não só da criminalidade, mas também da economia e da política no país, atrasou em muito a possibilidade de reverter o processo. Deixou livre o caminho para o progressivo desmantelamento nos bairros pobres daquilo que havia de rica vida associativa, tão importante no direcionamento de suas demandas coletivas e da sua sociabilidade positiva, civilizada. Deixou espalhar-se entre alguns jovens pobres um etos guerreiro que os tornou insensíveis ao sofrimento alheio, orgulhosos de infligirem violações ao corpo de seus rivais, negros, pardos e pobres como eles, agora vistos como inimigos mortais a serem destruídos numa guerra sem fim. E, ao final, permitiu abalar a civilidade dos moradores do Rio de Janeiro, que fora construída ao longo de décadas, principalmente pelos seus artistas populares, os sambistas. Todos esses aspectos do nosso drama de cada dia serão contemplados na série que ora apresento. Mas foi um longo percurso até chegar a eles.

Durante anos procurei entender os meandros e fluxos dessa extensa rede[1] que toma aspectos mais empresariais e organizados em alguns pontos, o que nos permite entender a logística eficiente de distribuição de suas principais mercadorias: as drogas ilegais e as armas. Concomitantemente, desde 1986 investigava os efeitos dessa atividade nas formações subjetivas dos jovens nela envolvidos, em especial sua concepção de masculinidade, na fragmentação social e no desmantelamento do associativismo presente nas favelas e bairros pobres da cidade.

Ocupei grande parte dos meus textos a dissecar o caráter organizado da criminalidade contemporânea, já que negá-lo seria ignorar a história — pois assim essa criminalidade se constituiu no término do sistema feudal na Itália, ainda durante o século XIX. Já então misturavam-se promiscuamente negócios e criminalidade, política e favoritismos, clientelismos, fraudes eleitorais e parcialidade na aplicação da lei ou fraude jurídica. O crime organizado na Itália, como em outros países do mundo, seria o resultado de profundas mudanças históricas que

---

[1] O conceito antropológico de rede social, que se caracteriza pela malha de relações que adquirem várias formas, é usado aqui para analisar as atividades ilegais que têm o caráter de negócio contínuo e que fluem por meio de relações interpessoais baseadas no segredo, na confiança sempre posta à prova, no conhecimento das pessoas e nos acordos tácitos entre elas. Aplica-se especialmente aos níveis mais baixos do tráfico de drogas.

provocaram hibridismos culturais, rearranjos da propriedade fundiária e jogos políticos complexos, tudo ao fio da navalha de uma violência sem perdão. A comparação com a Itália pode ser esclarecedora.

O que nos interessa é que a máfia nunca foi fenômeno rural, tradicional e de ordem pública paralela na Sicília, mas sempre esteve conectado com o controle ilegal ou ilegítimo de mercados, contratos e negócios, tendendo ao monopólio econômico e à vitória eleitoral garantida. Por isso mesmo, o discurso da direita desde sempre foi o de que mafiosos seriam os pequenos delinqüentes, os bandidos, os insubmissos ao serviço militar, mas não os grandes negociantes nem os políticos que protegiam. Ainda mais direitista é a teoria explicitamente racista que fala da cultura inferior e da ausência de "vigor da raça" para explicar a máfia no Sul da Itália. O que une todos esses discursos preconceituosos é a idéia de que a Sicília não passava de uma sociedade violenta, bárbara e primitiva que culturalmente tendia a privatizar a coisa pública. Os italianos do Norte e, posteriormente, os anglo-saxões, ao sublinharem a diversidade sociocultural da ilha, a máfia como metáfora do atraso, da falta de interlocutor político ou de opinião pública, recusavam-se a enxergar, por endurecimento etnocêntrico, processos criminógenos em suas próprias sociedades que resultaram no espantoso poder assumido pela máfia no século XX, tanto em todo o território da Itália quanto nos EUA. O mesmo parece ocorrer hoje no Brasil nas tentativas bairristas de explicar o crescimento da violência como resultado da "cultura carioca" baseada na malandragem, por extensão nos favelados — negros, pardos e brancos pobres — da cidade. Mas entre moradores de cidades de outros estados em que os crimes violentos também aumentaram, como São Paulo, são os migrantes nordestinos, pobres e pardos, que ocupam o lugar do bode expiatório.

Mais um ponto de irônica coincidência entre os aparecimentos do fenômeno mafioso lá e do crime organizado em torno de negócios internacionais aqui é o efeito de certa presença militar na formação de hordas de fugitivos na Itália e de marginais no Brasil. Segundo Salvatore Luppo, autor de brilhante história da máfia que uso na comparação, a máfia deriva do hiato entre a palavra e a coisa, entre a promessa do Estado liberal — liberdade comercial e de opinião, igualdade jurídica, governo da lei e transparência — e a realidade que não as concretiza. O governo central da Itália aplicou, por exemplo, na ilha da Sicília, a Lei Pica, de 1863, que permitiu ao general G. Médici recuperar os insubmissos do serviço militar, ocupando *manu militari* regiões e cidades, perseguindo os parentes dos insubmissos com a aplicação de um conceito de responsabilidade coletiva diante da autoridade militar. Em conseqüência, o número de fugitivos da "lei", que já eram 26 mil em 1863, aumentou várias vezes. O governo, isolado politicamente, fez uso de assassinos para aprisionar os fugitivos. O estado de direito demorou a se afirmar, permitindo a difusão da força privada que o atrasou ainda mais, auxiliado pelos sucessivos governos de exceção. Como aqui, lá então a força pública não era profissional e aprendia com capangas, vigilantes e bandidos. As transações se davam entre proprietários e mafiosos, mas também entre o governo central e os bandidos, os quais as autoridades deixavam passar e agir para eliminar outros bandidos, sistema similar aos grupos de extermínio que se espalharam pelo Brasil nas décadas de 1970 e 80. Foi essa estratégia de centralização forçada, e não a mediterrânea cultura da desconfiança, a parteira da máfia na Sicília. Até que ponto o regime militar contribuiu para que o crime organizado se espalhasse com tanta rapidez pelo Brasil nos anos 1970, e o tráfico nos anos 1980, é outra história a ser contada aqui.

Na Sicília, intelectuais afirmavam não ser o mafioso um ladrão, nem um criminoso, mas "o exacerbado conceito da própria força individual (...) a intolerância pela superioridade e, pior ainda, pela prepotência alheia".[2] Ele seria o homem honrado, o da *omertà*, derivada da raiz *uomo*, homem que virilmente responde por si mesmo às ofensas sem recorrer à justiça estatal. Esta era a descrição culturalista de um sistema fechado baseado na desconfiança em relação ao Estado, na justiça pelas próprias mãos, na honra, no clientelismo, no familismo

---

[2] Luppo, 2002.

amoral que retira do indivíduo a percepção de responsabilidade diante da coletividade maior, usada por advogados de mafiosos nos processos judiciais, eles próprios defensores das teorias antropológicas sobre os "meridionais" (aqui se pode ler nordestinos, favelados, negros, pardos e brancos pobres). Entretanto, o crime organizado teria aparecido justamente com a modernização, em razão do hibridismo cultural entre o velho e o novo e da complexidade política adquirida num país que custou a consolidar o estado de direito. Em 1875 já aparecem os fatos relativos à "nova máfia", delinqüente e negocista, mas atuando no moderno mercado internacional.

Esta, como empresa, não seria, então, criação dos anos 1970, fazendo feroz acumulação capitalista especialmente no narcotráfico. O velho mafioso que desejava apenas consideração social, sem ambição de enriquecer, simplesmente nunca existiu. Arrendatários do século XIX também eram empresários, especuladores da "pólvora e do chumbo". Não era o camponês ignorante, mas o cavalheiro muitas vezes milionário, que fazia negócios de enxofre na Londres de 1922. Nas últimas décadas do século XX, o novo empresário mafioso, traficante de drogas e de armas, tem atividades imobiliárias, financeiras e comerciais de lavagem do dinheiro sujo que fazem dele sobretudo um *rentier*, nunca um empreendedor capitalista schumpeteriano.

Como negócio, a função básica do crime organizado sempre foi o *racket*, esquema que oferece proteção para garantir o monopólio da empresa, com isto intimidando física e verbalmente os traidores, os competidores, as testemunhas e os concorrentes. No mundo dos negócios, como da política, a máfia criou a desordem e a insegurança para organizar e manter sob controle a economia legal. Ou seja, não se pode menosprezar o fator extorsão em favor da proteção, o que leva o sociólogo italiano Gaetano Mosca a afirmar que a vítima paga um tributo à quadrilha, na ilusão de que é presente gratuito ou serviço prestado. Mais uma vez, uma entrada no mercado, livre de quaisquer limites, de modo a vencer sempre os concorrentes e fazer dinheiro da própria garantia de sucesso no empreendimento. A cumplicidade e a promiscuidade nas relações fizeram com que os chefões da máfia, sob a tutela e proteção de políticos e personagens influentes, viessem depois a proteger e defender os últimos. Essas relações promíscuas ainda são pouco conhecidas no Brasil, mas é preciso conhecê-las.

Estava criada a indústria da proteção, da qual despontou o caráter duplo das atividades da máfia que remetiam a um duplo modelo de organização: o *power syndicate*, que monta o esquema de proteção/extorsão, exercido por unidades de organizações que recebem o nome do território onde adquirem poder; o *enterprise syndicate*, que desenvolve uma rede de negócios que corta transversalmente as organizações e da qual alguns afiliados podem participar como um favor, arriscando capitais e acumulando riquezas individualmente. Os dois modelos entram em choque, mas se conectam, confundindo protetores (mediadores, fiadores) e protegidos. Se na máfia americana favorece o crime-negócio ou o modelo da empresa, isso não reduz a máfia siciliana a uma forma de clientelismo de padrinhos e clientes reproduzido em parte pelos italianos nos EUA. Pensar de outro modo é negar-se a considerar a organização montada para extrair grandes lucros de negócios legais e ilegais, bem como o papel crucial exercido pela violência nela.

Tampouco se deve entender a máfia como poder paralelo, já que há necessária conexão entre ela, a polícia e as instituições. Criminosos empresários relacionam-se com pessoas importantes, políticos, policiais e juízes. O conceito de anti-Estado é exagerado nesse sentido, pois o crime organizado está ligado ao poder oficial e é preciso estar atento às reviravoltas dessas redes fluidas dos personagens públicos e exteriores à organização criminosa que se imiscuem com ou se sobrepõem a ela.

Contudo, ainda segundo Salvatore Luppo, o crime organizado guarda muita coisa de sociedade secreta, com seus rituais iniciáticos. Por isso mesmo, nega a cultura generalizada, tradicional e fechada; o iniciando torna-se novo ser, tábula rasa para receber o conhecimento e a ordem do grupo. A *omertà* é um dos lados da moeda, cujo outro lado é a subordinação à vontade da organização, ou seja, a *umiltà*.

Como nas organizações maçônicas, no crime organizado o delator é chamado de infame e a organização está sempre pronta a matar ou denunciar à polícia os seus inimigos, por meio de cartas anônimas ou por vias secretas. Faz regulamentos e estatutos, além de dispor de autoridades legislativas e tribunais que decidem e punem sem clemência. Na Itália, a ruptura só acontece em 1979, quando a máfia se torna terrorista, assassinando juízes, políticos honestos, políticos corruptos, rompendo com seu passado prudente de mimetismo e acordos com o poder constituído.

No Brasil, a publicação recente dos documentos que continham o regulamento do Comando Vermelho, bem como a aplicação da pena máxima para quem ouse denunciar ou prejudicar os negócios das quadrilhas que controlam favelas e bairros pobres de várias cidades brasileiras, apontam na mesma direção. Não há mais como negar o que se torna cada vez mais evidente. Aqui também o desespero ou a bravata tem feito traficantes deixar os limites protegidos pelos arranjos de poder para invadir o espaço urbano até há pouco tempo respeitado. Teremos também formas de terrorismo já encontradas em outros países? As últimas atividades conjuntas do PCC de São Paulo e do Comando Vermelho no Rio de Janeiro e as mortes de juízes em São Paulo e Espírito Santo, de diretores de presídio e de um promotor carioca em Minas Gerais fazem crer que sim.

Ainda não se fez, no Brasil, uma história do crime organizado, desde aquele que sempre presidiu a legalização da propriedade fundiária até o mais recente, do tráfico ilegal de drogas que tornou as redes mais extensas, mais globais e muito mais difíceis de ser controladas. Apenas nos últimos anos a investigação policial e dos promotores e procuradores do Estado permitiu começar a levantar o véu que encobria a crucial participação de políticos, empresários e negociantes em diversos esquemas de lavagem do dinheiro fruto da corrupção ou de negócios escusos, o véu que afirmava a correlação entre pobreza e criminalidade, sem tornar complexos os processos de interconexão das várias atividades ilegais de personagens com diferentes origens sociais.

Recentemente soube-se da fórmula elaborada em São Paulo para tirar dinheiro dos cofres públicos via superfaturamento de precatórios, agora também descoberta em vários estados nordestinos. Esses mesmos personagens, de famílias importantes e grandes partidos políticos, também participam do esquema de remessa de dinheiro para o exterior e de troca de reais por dólares, além dos imóveis comprados em nome de terceiros, os "laranjas". Ainda há muito a desvendar no que se refere aos inúmeros tráficos existentes no Brasil.

Portanto, lá como cá, também foram os bandidos pobres e pouco importantes que sempre pagaram na prisão os crimes dos ricos ainda tão impunes. Na Sicília, em pleno século XIX, formaram-se quatro anéis ou redes na cadeia, em torno dos quais se colocaram miríades de guardiões, ladrões, bandidos e policiais. Contudo, essas redes pouco tinham a ver com a solidariedade familiar, o clientelismo e a amizade. Já em 1866, o presídio é definido como a "universidade do crime" e o "governo das quadrilhas". Já vimos esse filme. Nem é a máfia forma primitiva de luta de classes, como afirmou Hobsbawm, pois não há na sua ideologia nenhum socialismo salvador que trará a modernidade. Ao contrário, os mecanismos mafiosos se consolidam e se tornam autônomos na lógica da proteção/extorsão.

Tampouco a existência de conflitos negaria a organização, pois, ao contrário, a guerra explode quando um se divide em dois. Também o modelo do mafioso notável, protetor e mediador subestimaria o papel da violência na definição da hierarquia e das ascensões muito rápidas, sempre necessitando confirmação do poder do chefe. Numa organização de dupla função ou linhas — a do poder (que cuida da proteção/extorsão em estrutura territorial estável) e a da organização empresarial (que cuida dos negócios ilícitos), esta minimizando os riscos através da confiança das relações pessoais (muito mais difícil quando o tráfico de drogas passa a dominar) —, é claro que a violência tem papel crucial.

No tráfico, pela extensão da rede e pelas muitas possibilidades de deixar rastros na sua passagem, os criminosos estão mais expostos à delação e à traição. Os contatos externos ameaçam a unidade da organização familiar, nuclear ou local, que fornece a permissão para que seus membros possam participar dos negócios. Na linguagem da favela, é preciso ter conceito e ganhar a consideração dos chefes para poder traficar. Mas aqui as relações de parentesco (consangüíneo ou de compadrio) não garantiram nunca a estabilidade dos laços de confiança mútua, muito precários e sujeitos a crises, imediatamente desencadeadoras de conflitos violentos. Portanto, não são os negócios que desencadeiam todos os conflitos, mas a dinâmica do tráfico em questão e a ocupação de determinado setor em detrimento de outras unidades de organização e de outras pessoas. A guerra resultante é a que se vê e se ouve em algumas favelas e seu entorno nas mais ricas cidades brasileiras.

Com o *boom* do negócio das drogas no final dos anos 1970, chefes sicilianos como Buscetta e Badalamenti adquiriram poder internacional, permitindo a transferência de rios de dinheiro do Novo para o Velho Mundo pelos canais bancários, principal pista seguida pelo juiz Falcone. Uma terceira máfia se forma, nem ítalo-americana, nem siciliana, a máfia negociante do tráfico, independente de ambas, que assinala uma fragilidade adicional aos complicados jogos de interesse e poder dos negócios fora da lei. Em 1977, assinala-se o momento crucial dessa conexão, seguido de muitas mortes — em torno de mil ou 500 — entre 1981 e 1982, sob a acusação de avidez desmedida pelo dinheiro de alguns mafiosos. O *power syndicate* vence os negociantes da droga, perseguindo e matando membros de suas famílias, mesmo crianças e mulheres, e se apodera dos lucros e do controle sobre o tráfico. Disso resultam divisões dentro das famílias, que desaparecem como unidade básica da organização, em favor das redes comerciais mais extensas, pois todos os membros da família queriam comerciar. John Gambino (falecido em 11 de junho de 2002) vai para a Itália para renegociar, pois os caminhos tinham se interrompido. Em fevereiro de 1984, Badalamenti telefona do Rio de Janeiro para os EUA afirmando que a eles cabia o tráfico de heroína. Também no Brasil, Buscetta é preso e interrogado por Falcone, depois de ter dois filhos e irmãos assassinados pelo *power syndicate*.[3] Teria sido mero acaso ou férias na praia a razão da presença de tão importantes mafiosos no Brasil, justo quando se registra a ascensão geométrica das taxas de homicídio entre nós e se inicia a cópia do modelo de gangues armadas nas favelas do Rio de Janeiro e outras cidades brasileiras?

Segundo o Conselho Social e Econômico das Nações Unidas,[4] o crime organizado transnacional hoje tem a capacidade de expandir suas atividades a ponto de ameaçar a segurança e a economia dos países, particularmente os que estão em transição e desenvolvimento, e representa o maior perigo que os governos têm de enfrentar para assegurar sua estabilidade e a segurança de seu povo, a preservação de toda a tessitura social e a continuidade de seu desenvolvimento.

Muitos estudos internacionais indicam que, na ponta do consumo, a demanda que garante os altos lucros do empreendimento ou da "indústria da droga", como o chamam alguns,[5] seria decorrente tanto de mudanças nos estilos[6] de vida, que por sua vez teriam modificado o consumo, quanto da montagem de círculos viciosos para os usuários abusivos de drogas que já enfrentam variados problemas socioeconômicos, tais como repetição ou baixo rendimento escolar, desemprego, discriminação, pobreza e conflitos familiares.[7] As mudanças no consu-

---

[3] Luppo, 2002.

[4] Apud UNDCP, 1997.

[5] UNDCP, 1997.

[6] Estilo, conceito-chave do projeto que deu origem à série Violência, Cultura e Poder, é usado para substituir os contestados conceitos de cultura e subcultura que têm pressupostos e conseqüências teóricas inaplicáveis na rapidez com que identidades e práticas sociais vão sendo modificadas e operadas pelos agentes sociais no mundo globalizado. Usado primeiramente pelo Centro de Estudos Culturais de Birmingham para representar aquilo que era chamado "cultura jovem", estilo passou a ser o termo mais adequado para falar das incorporações rápidas e efêmeras da moda em vestuário, música, arte, linguajar e outros comportamentos juvenis que não mais conseguiam ser exclusivamente interpretados pela perspectiva holística da religião ou da cultura de classe, embora não totalmente desconectados destas, por estarem imbricados com o desenvolvimento progressivo de um mercado de bens culturais e simbólicos cada vez mais parte do que se chamou "sociedade de consumo" (Hall, 1980; Featherstone, 1997).

[7] UNDCP, 1997; Tullis, 1995.

mo — do consumo familiar para um consumo "de estilo", muito mais caro, que inclui o uso de drogas[8] —, observadas como um dos efeitos do processo de globalização, favoreceram igualmente o aumento impressionante verificado em certos crimes contra a propriedade (furtos e roubos) e contra a vida (agressões e homicídios).[9]

No Brasil, as drogas ilícitas continuam criando focos de conflito sangrento nos territórios da pobreza. O governo sempre adotou medidas repressivas no combate ao uso de drogas e a polícia tem um enorme poder em determinar quem será ou não processado e preso como traficante, crime considerado hediondo. No que se refere à administração da justiça, jovens pobres e negros ou mulatos são presos como traficantes, o que ajuda a criar a superpopulação carcerária, além de tornar ilegítimo e injusto o funcionamento do sistema jurídico no país. Policiais costumam prender meros fregueses ou pequenos repassadores de drogas (aviões) para mostrar eficiência no trabalho. A quantidade apreendida não é o critério diferenciador e nem sempre as outras provas materiais, tais como agendas telefônicas e armas, são registradas na ocorrência policial, impossibilitando qualquer investigação séria posterior. A indefinição da legislação favorece o abuso do poder policial que, por sua vez, vai inflacionar a corrupção que apaga as demais provas.

No Rio de Janeiro, coordenei o trabalho de campo de 10 alunos da Uerj, assistentes de pesquisa[10] no Subprojeto Redes de Tráfico e Estilos

---

[8] Sassen, 1991; Featherstone, 1997.

[9] Sullivan, 1992; Tullis, 1995; Rydell et al., 1996; UNDCP, 1997.

[10] A pesquisa foi financiada pela Secretaria de Direitos Humanos do Ministério da Justiça, a partir de setembro de 1999 até maio de 2000, na gestão do secretário José Gregori. Participaram da pesquisa Luiz Fernando Almeida Pereira, Rodrigo Monteiro, Ana Paula Pereira da Gama Alves Ribeiro, Fátima Regina Cecchetto, Liliane Gomes de Souza, Laerte Vallerini Neto, Maria Alice Rezende Gonçalves e Francisco A. G. Agra, todos da Uerj. O CNPq concedeu bolsas de iniciação científica a dois alunos, uma bolsa de apoio técnico para pesquisa e uma bolsa de produtividade em pesquisa. A Uerj forneceu duas bolsas de iniciação científica, além da infra-estrutura necessária, em equipamentos, pessoal e biblioteca. A Faperj concedeu bolsa de mestrado a um aluno. O Nuseg financiou a compra de dois computadores, além de pagar dois alunos pelo período que durou a primeira fase da pesquisa. Nas segunda e terceira fases, as verbas do Pronex financiaram toda a pesquisa. As alunas Fátima Cecchetto, Ana Paula da Gama Pereira e Liliane de Souza tiveram bolsa de doutorado do CNPq e bolsas de mestrado da Capes.

de Consumo em Três Bairros do Rio de Janeiro, do Núcleo de Pesquisa das Violências (Nupevi), realizado em três fases: entre 1999 e julho de 2000, entre 2001 e 2002 e em 2003. Os livros desta série baseiam-se em suas teses e incluem um volume reunindo meus escritos.

A hipótese inicial de trabalho, que deu título ao projeto e provou sua relevância para entendermos o que se passa no Rio de Janeiro, baseou-se no caráter interativo dos circuitos, redes, estilos de lazer e processos sociais mais difusos. Estes culminam numa atividade criminosa — o tráfico de drogas — vinculada a negócios, mas que, no varejo, pode ser regular ou irregular, meio de vida ou de enriquecimento e ainda intermitente e temporária. Esta hipótese estaria relacionada à incidência diferencial de alguns crimes, observada nos três bairros escolhidos do Rio de Janeiro. Hipótese secundária, mais centrada nos efeitos do abuso de drogas, afirma que drogaditos em tratamento tendem a cometer menos crimes contra a propriedade e contra pessoas do que os que não estão sob tratamento. Relatório recente da ONU[11] e pesquisa realizada em Miami demonstram, por exemplo, que drogaditos em tratamento tendem a cometer entre quatro e 10 vezes menos crimes contra a propriedade e contra pessoas do que os que não estão sob tratamento, ou que o tipo de droga usado, o padrão de uso e o estilo de vida do usuário têm efeitos sobre a atividade criminosa em que se envolvem.

Estudos também mostram que, dependendo do nível de atividade, os padrões de distribuição das drogas ilegais são divergentes, ou seja, variam se o tráfico é de atacado, de intermediários ou de varejo;[12] variam segundo a droga negociada; variam segundo o tipo de organização do pagamento (se na folha de pagamento, se em função de políticas pessoais); finalmente, divergem se o narcotráfico está aliado ou não a grupos terroristas e como competem pelas parcelas do mercado. Pelo que já se conhece hoje, no caso da cocaína, que é o que mais nos afeta no Brasil, a indústria é concentrada e não está baseada em pe-

[11] UNDCP, 1997.

[12] Tullis, 1995.

quenos estabelecimentos; os camponeses produtores recebem uma ínfima parcela da renda produzida com o negócio; o comércio, por sua vez, tornou-se organizado em cartéis e máfias nos seus mais altos níveis, porém ramificado e descentralizado no varejo. Sua lucratividade, embora não exista consenso a respeito das taxas por causa da dificuldade de obter os dados, é tida por todos os autores como favorecendo principalmente os grandes atacadistas e maiores intermediários na rede hierárquica de conexões.[13]

Outros estudos abordam a dificuldade da separação entre traficante e usuário, sombreada pelos efeitos do vício que a droga proporciona. Pesquisas do tipo *survey*, muito caras e de difícil metodologia,[14] foram conduzidas nacionalmente nos EUA com a conclusão de que são os homens, mais do que as mulheres, que usam drogas ilegais; os homens mais novos (18-25 anos) do que os mais velhos; os desempregados mais do que os empregados; os solteiros e divorciados mais do que os casados.

Existem igualmente estudos mais focalizados empregando várias metodologias que se concentraram nas relações familiares, de emprego e de vizinhança que os usuários de drogas mantêm. Suas conclusões contestam as idéias de senso comum que associam tais comportamentos à pobreza ou aos "lares desfeitos", mas discutem achados de outras pesquisas que apontam o grupo de pares como crucial na escolha, pelo adolescente, do uso regular das drogas ilegais. Alguns deles procuram mostrar que não é a pobreza e sim as próprias exigências do funcionamento do tráfico que desenvolvem o comportamento violento associado ao uso de drogas.[15] Outros juntam evidências de que não é tanto a família chefiada por mulher ou a separação dos pais, mas as relações entre pais e filhos — se de diálogo aberto sobre a questão das

---

[13] Fonseca, 1992; Bettancourt & Garcia, 1994; Tullis, 1995; Labrousse & Koutousis, 1996; UNDCP, 1997.

[14] Rydell et al., 1996; UNDCP, 1997.

[15] Zaluar, 1985, 1993 e 1994; Thoumi, 1994.

drogas ou não — que induzem o hábito de usar drogas. Seria, então, a violência doméstica e a ausência dos pais mais do que a separação entre eles a razão por detrás do uso de drogas. Outro ainda discute, com base em dados empíricos, que a importância da influência do grupo de amigos tem sido exagerada e que a escolha dos próprios amigos já está marcada pela preferência por tal ou qual droga e o desejo de experimentá-las.[16] A curiosidade e a valorização do proibido e do próprio risco, características da adolescência e do desejo de se afirmar como alguém capaz de enfrentar a morte, fazem do uso de drogas proibidas uma atração constante para os jovens,[17] só superada pela informação, pelo diálogo e pela preocupação demonstrada pelos adultos.

A pesquisa de campo foi realizada em três bairros do Rio de Janeiro que dão nome a três regiões administrativas da cidade (Copacabana, Tijuca e Madureira), correspondendo a 14% da população do município. A escolha dos três bairros deu-se em função da conhecida diferença de poder aquisitivo entre seus moradores. Esse fato permitiria controlar os índices disponíveis sobre criminalidade pelos dados socioeconômicos, com o objetivo de discutir se estes seriam suficientes para explicar os diferenciais encontrados.

Na comparação entre os três bairros escolhidos, foram utilizadas várias fontes de dados. As estatísticas oficiais da polícia foram coletadas para conhecermos a incidência de alguns crimes, tidos como vinculados ao crime organizado e às dívidas que os compradores de suas mercadorias e serviços contraem, tais como roubos e furtos de autos, outros roubos e furtos; ou então os que são resultado dos métodos de resolução de conflitos internos, como o homicídio, também denominados homicídios sistêmicos. Os dados do IBGE sobre as regiões administrativas onde estão localizados os bairros pesquisados permitiram a comparação demográfica, socioeconômica e de atividades econômicas para ajudar a entender as condições de vida nesses bairros, espe-

---

[16] Bauman & Ennett, 1996.

[17] Ibid.; Katz, 1988; UNDCP, 1997.

cialmente de seus jovens, principais protagonistas e vítimas dos crimes violentos, sobretudo de homicídio.

As maiores diferenças entre Tijuca e Copacabana ficam nas faixas mais baixas e mais altas da renda do chefe de família, isto é, na Tijuca há mais pobres e menos ricos do que em Copacabana. A desigualdade seria, portanto, maior em Copacabana do que na Tijuca, mas na Tijuca haveria mais pobres convivendo com pessoas de classe média e alta. Madureira apresenta, nos extremos, o oposto da distribuição de renda de Copacabana: 40 e 37% dos domicílios abaixo da linha da pobreza, 5,4 e 7,5% nas faixas mais altas de renda, respectivamente. A desigualdade dentro de Madureira é a menor entre os três bairros e há poucos ricos convivendo com pobres; no entanto, é o bairro que apresenta maior número de homicídios, roubos de autos e outros roubos, além de ser o segundo em outros furtos. Mas, se não há dúvidas quanto à maior incidência de crimes violentos em Madureira, eles indicam que isso ocorre intraclasse, mesmo em roubos, crimes contra a propriedade, ditos como mais comuns nas áreas mais ricas. Portanto, não é a desigualdade dentro do bairro nem a "cidade partida" em termos de renda que podem explicar essas altas incidências. É preciso entender que pobres são esses e que mudanças são operadas nas favelas mais afetadas pelo etos da violência, os estilos de consumo, os estilos de lazer, as políticas institucionais e comunitárias de prevenção ao uso de drogas nos três bairros, além da forma como sua população masculina jovem usufrui do lazer, faz uso de drogas ilegais e se relaciona com as quadrilhas de traficantes existentes nos bairros.

Madureira tem população de 373 mil habitantes, dos quais 47% são jovens entre 0 e 29 anos de idade, e 23% são crianças e pré-adolescentes entre 0 e 14 anos,[18] ou seja, quatro vezes mais pessoas nesta última faixa de idade (83.263) do que a região administrativa de Copaca-

---

[18] Em algumas favelas selecionadas do Rio de Janeiro, os dados são ainda mais impressionantes: 31% de sua população são crianças de 0 a 14 anos, 51,9% jovens entre 0 e 29 anos, 37,6% entre 10 e 29 anos, segundo tabulações especiais feitas no IBGE por Jane Souto de Oliveira, 1998.

bana (20.391), embora tenha apenas o dobro da população deste bairro. Os adultos correspondem a cerca de 40% do total, e as pessoas de 60 anos e mais, 13%. Madureira tem, relativamente aos dois outros bairros, o maior contingente em números absolutos e relativos de crianças e jovens, e o menor de idosos.

Esse fato, sem dúvida, contribui para que o bairro seja o que exibe as taxas mais altas de crimes violentos, sobretudo o homicídio, que envolvem os jovens como autores e vítimas. Mas não explicaria a alta incidência de roubos e outros furtos, já que sua população, além de jovem, é mais pobre. O que nos faz duvidar da teoria das zonas morais, difundida pela escola de Chicago na década de 1920, é o ambiente descrito pelos seus moradores como um local onde "todos se conhecem", o que lhe dá um caráter de rede quase fechada, característica dos grupos primários nos quais o controle social informal seria maior. Não há nem o anonimato nem a licenciosidade encontrados em Copacabana, bairro que, segundo essa teoria, deveria apresentar mais altas taxas de criminalidade. A questão, portanto, não parece ser nem o anonimato, nem a impessoalidade, nem a anomia nas relações sociais, mas sim a falta de regras e o conteúdo das novas regras que vão surgindo no vazio institucional que se forma a partir da sinergia entre a economia subterrânea, as organizações locais e as instituições supostamente encarregadas de manter a lei e a ordem.

Apesar de ter o maior percentual de idosos e adultos, Copacabana está longe de ser um bairro conservador ou convencional. O fato de ser importante centro turístico e de boemia da cidade, o anonimato, o cosmopolitismo e a tolerância, além da licenciosidade, marcam o bairro desde o seu início pela convivência de pessoas de diferentes idades, opções sexuais, etnias, raças e classes sociais. Esse aspecto foi acentuado pela propaganda em torno do seu potencial turístico, que continua atraindo pessoas de toda a cidade, do estado, do país e do mundo a visitá-lo. Se essas características facilitam o aparecimento de tais desvios ou comportamentos pouco convencionais, não explicam a menor incidência de crimes violentos contra o patrimônio e contra a pessoa.

Portanto, a teoria das zonas morais não poderia explicar o que acontece hoje no Rio de Janeiro.

Por fim, foi necessário estudar a organização do tráfico em cada um desses locais, escolhidos justamente por terem inúmeros estabelecimentos legais de lazer e boemia, além de várias favelas. As ligações entre os traficantes do asfalto e da favela, assim como entre os usuários e esses traficantes, foram objeto de investigação minuciosa, de caráter qualitativo mais do que de teste de hipóteses, utilizando técnicas de observação participante e entrevistas.

No trabalho de campo, a observação silenciosa e discreta, junto com as entrevistas aprofundadas que seguiam um roteiro aberto, mostrou ser este método essencial para revelar as redes de tráfico e estilos de consumo numa situação de pesquisa repleta de riscos e perigos. Devido ao tema, todo cuidado era pouco para preservar a imagem dos pesquisadores, de modo a não serem confundidos com informantes da polícia, o que poderia ser fatal. O objetivo era entender os processos sociais objetivos, e não nomes de pessoas, principalmente na distribuição das drogas ilegais, assim como as formações subjetivas que constituíam o consumo, revelando o simbolismo que as caracterizam para diversos tipos de usuários. O pressuposto teórico era o de que todos os dados advêm da relação social entre os pesquisadores e os sujeitos que constituem seu objeto de estudo, o que exige reciprocidade e confiança. Trabalhamos muito mais com os valores, as disposições e regras implícitas que fundavam as práticas sociais, assim como os significados atribuídos a elas e aos bens nelas consumidos. Estávamos particularmente interessados na formação de um etos guerreiro entre jovens atraídos pelo tráfico, assim como na formação subjetiva da masculinidade em vários outros estilos de lazer (como os bailes *funk* e charme, ou esportes como o jiu-jítsu, ou as torcidas organizadas do futebol).

No trabalho de campo que se desenrolou em 2000, a observação, as entrevistas aprofundadas de roteiro aberto e os três grupos focais montados em cada um dos bairros mostraram ser este método essencial para revelar as redes de tráfico, os estilos de consumo, as disposições e concepções de masculinidade numa situação de pesquisa repleta de riscos e perigos. O objetivo era entender os processos sociais objetivos (e não nomes de pessoas, principalmente na distribuição das drogas ilegais) assim como as formações subjetivas reveladas no simbolismo e nos rituais das interações entre os atores. Os contatos para entrevistas foram feitos seguindo a rede de conhecidos dos usuários ou nos locais de lazer escolhidos para a observação silenciosa. Desse modo, muitas definições, imagens e significados contextuais do crime, do desvio, da droga, da polícia, do bairro, das diversas atividades de lazer, das relações entre os usuários, entre estes e os traficantes, entre todos e a polícia, foram transmitidos pela observação direta, por conversas informais depois registradas e pelos relatos de experiências de nossos informantes.

A comparação entre os bairros no que se refere aos estilos de uso não se mostrou importante para entendermos as diferenças nas incidências de alguns crimes, especialmente homicídios, roubos e furtos, apontados como relacionados ao tráfico de drogas. Já os estilos de tráfico e a maneira pela qual tanto repassadores quanto usuários se relacionam com os "donos da boca" ou "donos do morro" revelaram-se de fundamental importância.

Concluímos que, apesar de grandes diferenças nos circuitos do lazer, os usuários eram na maioria usuários sociais. Não foi em relação aos estilos de consumo que os usuários freqüentadores dos três bairros se distinguiram. Neles notamos sempre a busca da privacidade e de um uso discreto para "não dar na vista" nem assustar os demais freqüentadores dos mesmos locais de boemia, fosse por causa da repressão policial ou porque todos se conhecem no bairro e a família do usuário acabaria tomando conhecimento de seu "vício". Nesses casos, os usuários procuram não exceder na quantidade para não "dar bandeira": olhos arregalados, agitação, descontrole emocional etc. Isso não quer dizer que não existam usuários pesados, mas estes passam por sérias dificuldades no relacionamento com os demais usuários e mesmo com os traficantes, que não os respeitam nem os apreciam por chamarem a atenção da polícia e terem problemas no pagamento das dívidas.

Devido a esse estilo predominantemente apreciado, ao construir a sua própria imagem, o usuário de Copacabana ou da Tijuca ou, ainda, de Madureira evita classificar-se como alguém dominado pela droga ou capaz de qualquer coisa para obtê-la, escapando dos estereótipos do marginal. Somente aqueles que foram entrevistados quando já estavam sob tratamento admitiram o vício e a associação com outras práticas criminais. Essa construção do usuário social, mesmo entre consumidores de cocaína, falava no "comedimento", na possibilidade de "parar quando quiser", no uso noturno ou em situações festivas, para diferenciar do "viciado" que seria desmesurado, compulsivo e começaria a "usar já pela manhã", além de combiná-la com outras, num uso múltiplo de drogas legais e ilegais que combinavam principalmente álcool e cocaína. Por outro lado, diferentemente do que ocorria no passado nesses espaços da intimidade, não há registros de consumo de drogas por via intravenosa nos espaços públicos hoje freqüentados pelos usuários mais práticos e mais preocupados com sua detecção por terceiros no local.

No caso específico da maconha e da cocaína, verificou-se a importância do grupo e do ambiente na decisão de consumi-las e na continuidade do uso. Todos os entrevistados que experimentaram drogas ilegais — permanecendo ou não como usuários — registraram que a primeira experiência ocorreu em situações coletivas, às vezes em momentos não corriqueiros, tais como acampamentos, viagens e festas. Por isso mesmo, aqueles que interromperam momentânea ou definitivamente a trajetória de usuários de drogas ilegais invariavelmente se afastaram do grupo e do ambiente associados a essa prática. Os que voltaram a usar, mesmo após tratamento e desintoxicação, afirmam que retornaram por causa do encontro com os amigos e conhecidos que continuavam freqüentando os mesmos circuitos e locais de lazer em que as drogas ilegais são comercializadas e compartilhadas.

Isso não quer dizer que não comentem como, no estado de dependência química, o uso permanente esfacela as relações mais estreitas de sociabilidade. A maioria dos usuários entrevistados reconhece o desgaste físico provocado pelas drogas ilegais, como a cocaína, por vários deles denominada "maldita", e se preocupa com o uso contínuo e obcecado quando se tornam "travados", ou seja, tensos, calados e pouco afeitos ao contato social.

Embora haja alguns usuários múltiplos de maconha e cocaína, em geral formam grupos distintos que não se misturam. O etos e as imagens associadas a cada uma dessas drogas também divergem entre si. Para alguns usuários, a maconha teria um etos bucólico, com referências ao dia, ao campo, à natureza, à comida, à saúde, ao ócio e à paz. Já a cocaína seria associada a um uso mais urbano e artificial, à saída noturna para boates, ao viver agitado, à degeneração do corpo e à guerra. Ela também é usada para potencializar a capacidade produtiva, especialmente no trabalho noturno, como o de jornalistas, bancários, caminhoneiros, vigias etc. Entrevistados nos três bairros assinalaram que, entre os efeitos desejados, estão a euforia, a "adrenalina", a "ligação", o "ficar aceso" atribuídos à cocaína; o "estar chapado" ou "ficar lesado", "desligado", devido à maconha.

Segundo usuários, por causa da cocaína, "o cara mata, não tem amizade, não tem nada", o que nos indica a maior associação entre o traficante e o usuário quando a droga é a cocaína. Vários afirmaram ter visto "gente se destruir" e homens que "deixam de querer saber de mulher" ou "que viram mulher", "que se prostituem para pagar o vício", assertiva que foi confirmada pelas histórias de vida de prostitutas e michês ouvidos em Copacabana. Os estilos de uso não são, portanto, conclusivos na interpretação dos diferenciais de crimes observados nos três bairros.

Faz parte do contexto cultural e institucional da formação dessas subculturas a própria atitude dos outros agentes governamentais e dos outros grupos sociais em relação aos usuários de drogas. As imagens negativas, os preconceitos e o medo, que, no Brasil, chegam às raias da demonização do viciado, contribuem decisivamente para a cristalização dessa subcultura marginal e para os tons agressivos e anti-sociais que ela algumas vezes adquire. A violência e o arbítrio policiais, derivados do poder de iniciar processos criminais contra o usuário, criam em torno dele um círculo infernal de insegurança, perigo e incentivo ao crime.

Mas não se pode concluir daí que todos os usuários de drogas são iguais ou mesmo que professem o mesmo credo cultural. Nada mais enganoso. Pesquisas feitas em todo o mundo sugerem diferenças em graus de envolvimento ou de relação com a droga e com o grupo — se ela é tomada nas horas de lazer ou diversão ocasionais, se é central na definição de um estilo de vida alternativo compartilhado com outras pessoas, ou se é o eixo na definição da identidade individual do usuário compulsivo. Mesmo entre os jovens pobres usuários de drogas existem diferenças. Mas não seria exagero afirmar que, entre os pobres, existe maior pressão para o envolvimento com os grupos de criminosos comuns, por conta das facilidades de entrar em dívida com o traficante, de obter arma e estímulo para a ação criminosa e de esbarrar na repressão policial que prende os "maconheiros" pobres para acrescentar números na sua folha de serviços, bem como da dificuldade em encontrar atendimento médico e psicológico quando o usuário vem a ter problemas reais no uso e controle das drogas.

Os usuários, sejam eles sociais ou abusivos, têm de fazer um cálculo entre os riscos advindos da repressão e corrupção policial, que andam juntas principalmente nas favelas e algumas ruas asfaltadas dos bairros estudados, e os perigos das transações com os traficantes do morro. Em relação a estes últimos, afirmam que é preciso "saber entrar" e "saber sair" na interação com os traficantes de favela para não correrem risco de vida. Entretanto, os traficantes de favelas na Tijuca e em Madureira controlam mais facilmente as ruas do bairro, seja para impedir que vendedores independentes comerciem drogas por ali, seja para demonstrar o seu poder de fogo, não sendo incomum vê-los andarem armados. Quando vendedores não-autorizados são identificados pelos "donos" das bocas-de-fumo (por extensão, das favelas), eles são ameaçados de morte. Se continuarem a exercer a atividade, competindo com o pessoal da quadrilha, são mortos. Nesses dois bairros, é preciso ter conceito e permissão do dono para vender drogas. Na Tijuca, por causa da proximidade dos morros e das pequenas gargantas onde ficam as moradias do asfalto, as guerras entre as diversas quadrilhas ligadas a comandos diferentes, bem como os tiroteios para resolver pequenos acertos, invadem as casas dos moradores, seja das favelas, seja do asfalto, e tiram a paz e a tranqüilidade do bairro residencial e conservador.

Um grupo estável de pessoas conquista a confiança dos "donos" ou de seus gerentes e compra previamente uma quantidade de drogas com a finalidade de vendê-la por preços majorados em locais de intensa movimentação noturna. Neste último caso, estaria mais próximo do "avião" ou repassador que adquire, com certa assiduidade, a droga junto aos traficantes dos morros, em consignação, ou seja, recebe antecipadamente certa quantidade para posterior pagamento. Nesta última situação, é necessário o estabelecimento de uma relação de confiança maior que, com a continuidade do processo, tende a aumentar — é o que chamam "ganhar conceito" —, possibilitando ao repassador a aquisição de quantidades cada vez maiores. É nesse processo que as pressões para um envolvimento maior nas demais atividades da quadrilha e os possíveis conflitos daí advindos podem se dar. O ideal seria permanecer como "considerado", alguém que adquire amizade, mas não se envolve, nem vira "inimigo", "cachorro", "cabeça fraca" igual aos outros traficantes. Ter ganho dinheiro na rua como repassador pode vir a chamar a atenção dos próprios traficantes e também dos policiais: a pessoa "fica pichada". Entrevistados sugeriram que, então, "a situação se torna sinistra" e é preciso abandonar o bairro, até mesmo a cidade: "tem que sumir".

O estilo do tráfico na Tijuca, assim como o de Madureira, poderia ser resumido como aquele diretamente controlado pelos traficantes de favela, caracterizado pelo uso corriqueiro da arma de fogo para controlar o território, cobrar dívidas, afastar concorrentes e amedrontar possíveis testemunhas. Isso marca uma diferença crucial em relação a Copacabana, que tem um estilo discreto, em que o traficante assume a clandestinidade e não controla territórios.

Outro subprojeto do Nupevi — Violência, Pobreza e Identidade Masculina — destinava-se a comparar não bairros, mas estilos de lazer e concepções de masculinidade no mesmo grupo social dos jovens envolvidos no tráfico. O etos guerreiro, vinculado a uma concepção viril e agressivamente agônica da masculinidade, envolveu primeiramente a interpretação e análise dos termos quadrilha, galera e gangue aplicados indiscriminadamente para representar as novas associações juvenis surgidas no Rio de Janeiro no final dos anos 1970. Em textos já publicados, vimos que as quadrilhas, ao contrário das galeras, carregam o nome de seus chefes como seus patronímicos, muito mais do que o nome dos bairros ou nomes de animais selvagens, linhagens aristocráticas africanas e povos guerreiros, como nas gangues, fenômeno típico dos EUA. Mas procuramos esclarecer até que ponto continuam valendo, nos bairros do asfalto, os valores militares, o exacerbado machismo e a busca do enriquecimento rápido através de atividades ilegais e empresariais, notadas tanto nas gangues dos guetos nas cidades norte-americanas quanto nas quadrilhas encontradas em favelas e bairros de classe média cariocas, em torcidas organizadas ou turmas de jiu-jítsu. Mas os jovens moradores de bairros populares cariocas podem fazer parte das galeras do *funk*, ou freqüentar bailes charme, ou fazer jiu-jítsu ou juntar-se a torcidas organizadas. Em cada um desses estilos, rapazes e moças dos bailes, das galeras e das torcidas apresentavam imagens e práticas bastante diferenciadas de masculinidade, nem sempre associadas ao etos guerreiro, entendido como virtude masculina e guerreira que se manifesta, entre os funqueiros, pela expressão "sujeito-disposição". A "disposição" para brigar e até matar um jovem da galera rival torna-se fonte de prestígio e consideração e, de certo modo, estampa um dos aspectos mais marcantes da convivialidade tensa entre esses grupos: o jogo e a rixa violenta.

Assim, os funqueiros de favelas dividem os bairros e as favelas entre "amigos e alemães". Só freqüentam locais cujo comando do tráfico seja aliado de sua comunidade de origem, pois pode ser fatal, e muitas vezes o é, freqüentar locais de comandos diferentes. Por outro lado, confirmou-se a afirmação recorrente sobre os *charmeiros*: "no charme não tem briga", nem uso de drogas nas dependências do clube. Os *charmeiros* se definem como pessoas que gostam de curtir a música e são exímios dançarinos. Vestem-se elegantemente, com a finalidade de sinalizar uma diferença diante dos grupos que levam "dura" da polícia, a saber, os funqueiros. Comparado ao público dos bailes *funk*, o do charme é um pouco mais diversificado geracional e socialmente, ou seja, no baile charme, que se realiza em clubes, vão adolescentes, mães de adolescentes, *charmeiros* da "antiga" e, ao que tudo indica, pessoas que trabalham e podem ser classificadas como de classe média baixa, tais como camelôs, seguranças e auxiliares de escritório, que têm escolaridade até o 2º grau. Há, portanto, dentro do baile, o controle social informal que é exercido pelos adultos sobre os mais jovens, o que atua como antídoto às fortes lealdades dentro dos grupos fechados de jovens, tais como galeras e gangues. Há também maior orientação para o trabalho ou a profissão, apesar da importância que assume essa atividade de lazer na identidade social e pessoal dos freqüentadores. Não há galeras no charme.

No *funk*, ao contrário, a presença de galeras é parte constituinte do baile. A divisão dos lados *A* e *B* é que vai dar lugar às disputas de dança e à luta que ocorrem durante o baile. Seus freqüentadores, mais jovens e sem forte ligação com o trabalho, a profissão ou a escola, desenvolvem o etos da masculinidade que os obriga a se mostrar corajosos nos bailes e a brigar, especialmente naqueles que são montados para isso, com a divisão entre o lado *A* e o *B*, e os "15 minutos de alegria" da pancadaria permitida. A presença e, às vezes, a interferência de traficantes são facilmente percebidas nos bailes *funk*, especialmente os chamados "de comunidade", por serem realizados dentro de uma favela específica, com a autorização dos traficantes que os financiam. Os traficantes circulam pelo baile e o uso de drogas não é discreto. O público é mais homogêneo, isto é, adolescentes e crianças, moradores do local, todos, ao que tudo indica, com baixos rendimentos. Por isso, há preferência por bailes *funk* de comunidade, onde os freqüentadores encontram proteção e segurança contra a presença de "alemães" ou inimigos de facção. Apesar desta segurança, muitos relatam a existência de brigas e mortes provocadas durante tais bailes e na saída deles. Por causa dessa associação estreita com traficantes nos bailes da comunidade e devido à representação ritual da guerra entre quadrilhas e facções que acontece no baile, é possível afirmar que o baile *funk*, muito mais comum em Madureira do que na Tijuca e em Copacabana, condiciona os jovens para a guerra que enfrentam nas favelas da cidade. Ali aprendem os valores da coragem no combate e da indiferença diante do sofrimento do inimigo. Tornam-se "durões" ou "machões".

A comparação entre os três bairros entrou em outra fase em 2002. O objeto passou a ser a transformação da vida associativa, da sociabilidade e do movimento de associação de moradores devido à presença conspícua dos traficantes armados nas favelas. Os primeiros resultados revelam profundas diferenças entre os projetos políticos dos líderes comunitários mais velhos e os projetos de ascensão social dos jovens ligados a ONGs e partidos políticos. Nos três bairros, enquanto todos os líderes de associações do "asfalto" eram quase unânimes em apontar como problema principal de cada bairro a população de rua, líderes comunitários de associações de moradores de favelas levavam outras demandas aos representantes dos governos, tais como melhoria da habitação, educação ou saúde. No tocante à violência, que não descartam como problema, asseguram que suas áreas não estão caracterizadas por ela, empurrando o problema para outras favelas ou bairros da cidade, mesmo próximos, estes sim realmente perigosos. Os mais jovens, ligados a ONGs, estão mais direcionados para seus projetos quase sempre ligados à cultura.

Concluímos, então, que as relações entre líderes comunitários e funcionários de governo são marcadas por um jogo de cobranças recíprocas, muito mais claro na parte dos líderes cuja participação nas reuniões comuns é marcada pelas intermináveis listas de necessidades não atendidas e reivindicações prementes. Os representantes governamentais referem-se aos pedidos levados pelas associações de moradores com cautela, dizendo-se sempre dispostos a atendê-los, enquanto os líderes de associações nunca se declaram plenamente satisfeitos com os primeiros e barganham também o pagamento da função de diretor de associação. Por estarem ligados a diferentes grupos políticos e terem suas ambições em jogos de diferentes lógicas, se existe o desejo comum de mudar o quadro de violência, divergem na maneira de realizá-lo. Isso não chega a criar um impasse intransponível, mas pereniza a tensão desses personagens entre o clientelismo e a cidadania, entre as vantagens pessoais e as coletivas.

Os pesquisadores também assistiram, mais de uma vez, à interrupção das atividades em órgãos do governo devido a confrontos pelo controle militar das comunidades visitadas, sempre que ocorria uma guerra pelo comando do morro entre a facção instalada e a facção invasora. Centros esportivos, vilas olímpicas e centros de atendimento a jovens e idosos (Cemasis) foram até mesmo invadidos algumas vezes pelos traficantes durante o dia e, outras, à noite. Professores observavam as marcas deixadas pelos traficantes nas paredes, janelas, portas, sem saber muito bem como lidar com as crianças e jovens que freqüentavam o local após tais acontecimentos. A lei do silêncio tem, de fato, enorme peso nesses locais, não excluindo os próprios públicos. Em alguns locais, professores levavam as crianças para as suas casas, o que poderia colocar em risco a vida de ambos, não fora o acordo com os traficantes em comando, dando salvo-conduto, "desde que tanto professores quanto as crianças estivessem identificados com uniformes do projeto".

Por causa disso, muitos projetos bem montados e eficazes para profissionalizar ou criar alternativas de lazer esportivo e artístico para os jovens têm pouco público. Há uma divisão clara, feita tanto pelos moradores quanto pelos professores, entre os locais onde é possível realizar as atividades programadas e aqueles que "estão sempre em guerra, que estão sempre sendo invadidos, em que não há muita estabilidade", e, portanto, devem ser evitados.

Além do mais, a possibilidade de sedução pelo uso ou até mesmo o tráfico de drogas permanece sempre como desafio para professores e pais, vários deles despreparados para enfrentar o problema. A tendência mais geral era evitar cobranças demasiadas, não tocar no assunto e driblar as dificuldades com os jogos e atividades artísticas. Os traumas por mortes, estupros e prisões dentro do círculo familiar ou da vizinhança e a dor conseqüente eram também evitados pelo silêncio, o que significa dizer que se apostava no esquecimento, mas não no entendimento e superação das marcas profundas deixadas na história e no psiquismo de crianças e jovens. Muitos, sem ser terapeutas, realizavam grande esforço no sentido de ajudar os mais atingidos pela tragédia que lhes era imposta pela violência incorporada ao cotidiano, mas ainda assim muito sofrida. Os muitos projetos culturais não cuidam de desconstruir o etos guerreiro, necessitando de foco específico, como aquele iniciado pela Secretaria Municipal de Saúde e o Projeto Mediadores da Paz nas escolas e nos centros de atendimento a jovens na cidade do Rio de Janeiro, ação conjunta proposta pela Assessoria Especial de Segurança Participativa.

Nas políticas públicas, além das anomalias assinaladas por diversos autores, tais como a fragmentação institucional e a centralização decisória que, entre outros problemas, acarretaram a burocratização dos serviços públicos, há o desrespeito às garantias constitucionais que limitam a ação da polícia. Revistas humilhantes, provas plantadas, processos pelo porte de droga com a caracterização de crime de tráfico (que é considerado hediondo), dependendo do arbítrio do policial, resultam em prisões injustas ou em extorsões.

Nos hospitais públicos em que existem programas de tratamento de viciados, todos os problemas apontados coalescem de forma trágica. Normas internas rígidas, atendimento precário por falta de equipamentos e de pessoal tecnicamente qualificado, atraso nos calendários e burocratas sem compromisso com os objetivos humanos e políticos desses programas prejudicam a ação dos poucos médicos realmente mobilizados neles. Os efeitos negativos dos internatos, que criam outras formas de exclusão dos viciados, já foram bastante apontados na literatura. Vão desde os danos à identidade pessoal e à dignidade do usuário até o artificialismo embutido na não-reincidência do uso da droga, porque baseada no isolamento do usuário de seu grupo de referência, ou seja, do grupo de usuários que formam o contexto cultural e social do uso.

Assim, é claro que não adianta quase nada a prisão de meros repassadores de drogas, pequenos ou médios intermediários nos vultosos negócios ilegais, em geral homens jovens de origem humilde, que operam em redes secretas, mas com ligações com negócios legais e com as instituições do país. Essa criminalidade exige um novo tipo de investigação que não permaneça na superfície dos vasos capilares, facilmente substituíveis no exército de jovens pobres disponíveis em qualquer cidade brasileira, cada vez mais dispostos a matar. É isso que policiais desalentados chamam "enxugar o gelo". Aumentar as penas para tráfico, assalto etc., assim como aumentar o número de viaturas ou o efetivo policial, já provou ter, em diversas pesquisas internacionais, muito pouco impacto na redução desse tipo de criminalidade. Precisamos, sem dúvida, de uma nova polícia que se nutra da confiança e da cooperação da população local, mas que também possa realizar as investigações profissionais necessárias ao desmantelamento de tais redes, chamadas pela polícia de Chicago, EUA, que reúne polícia comunitária com polícia investigativa e técnica, de "conspiração da esquina". A capacidade de negociar com membros de quadrilhas para obter sua cooperação também já se revelou de crucial importância na Itália. Por fim, há exemplos no mundo todo de como uma punição bem mais rigorosa, como tenho repetido nos últimos anos, para os crimes praticados com porte de armas vai eliminar a racionalidade perversa que induz até mesmo pequenos assaltantes a usar armas mortíferas para aterrorizar suas vítimas, amedrontar testemunhas e aumentar seu poder de barganha com policiais corruptos.

No entanto, outra barreira crucial, menos sublinhada, mas presente, pode vir a impedir a cooperação: o medo que vizinhos trancafiados têm dos criminosos. O temor ou o terror não é eliminado milagrosamente com a adoção de um "policiamento voltado para a comunidade", especialmente naquelas áreas em que os criminosos adquiriram muito poder por conta da desagregação das associações entre os moradores. Esse fato ocorria em Detroit, EUA, onde os policiais que atuavam nos minidistritos dominados pelo tráfico de drogas tinham por objetivo, não a prisão dos traficantes, mas a retomada das ruas para os moradores. Na verdade, esperavam apenas mostrar aos moradores sua presença ali para garantir a ordem pública.

O problema é que onde não há organização social ou a "comunidade" é fraca, vizinhos têm medo um do outro. Pior, onde traficantes bem armados impedem até mesmo a entrada de qualquer agente do Estado, como acontece nas favelas das maiores regiões metropolitanas do Brasil, o que fazer para instaurar uma nova polícia? Aqui temos, portanto, um duplo desafio: destruir o terror instaurado pelos comandos armados de traficantes em muitas áreas e restaurar a confiança numa polícia também afetada pelo poder militar e corruptor dos primeiros. E sem uma polícia investigativa e profissional para dar o passo inicial no desmantelamento das redes do crime-negócio, a nova polícia confiável e civil ficaria também adstrita às áreas já privilegiadas da cidade. Ou teria de fazer um acordo de coexistência pacífica com os poderosos e ricos negociantes de armas e drogas que mantêm "tudo dominado" nas áreas mais pobres há anos, um jogo de conseqüências imprevisíveis.

Contudo, não há dúvidas de que, com tanta esperança e enquanto houver os que acreditam e fazem as mudanças necessárias, podemos cantar com o nosso poeta: vai passar.

Referências bibliográficas

BAUMAN, K. E.; ENNET, S. T. On the importance of peer influence for adolescent drug use. *Addiction*, v. 91, n. 2, 1996.

BETTANCOURT, G.; GARCIA, M. *Contrabandistas, marimberos y mafiosos. Historia social de la Mafia colombiana*. Bogotá: TM Editores, 1994.

ELIAS, Norbert; DUNNING, Eric. *Quest for excitement. Sport and leisure in the civilizing process*. Oxford: Blackwell, 1993.

FEATHERSTONE, Mike. *O desmanche da cultura.* São Paulo: Studio Nobel/ Sesc, 1997.

FONSECA, German. Économie de la drogue: taille, caractéristiques et impact économique. *Revue Tiers Monde*, Paris, n. 131, juil./sept. 1992.

HALL, Stuart. *Resistance through rituals.* Birmingham: Hutchinson, CCCs, 1980.

KATZ, Jack. *The seductions of crime.* New York: Basic Books, 1988.

LABROUSSE, Alain; KOUTOUSIS, Michel. *Géopolitique et géostratégies des drogues.* Paris: Economica, 1996.

LUPPO, Salvatore. *História da máfia.* São Paulo: Unesp, 2002.

RYDELL, C. P.; CAULKINS, J. P.; EVERINGHAM, S. S. Enforcement or treatment? *Operations Research*, v. 44, n. 5, p. 687-695, 1996.

SASSEN, Saskia. *The global city: New York, London, Tokyo.* Princeton: Princeton University Press, 1991.

SULLIVAN, Mercer. Crime and the social fabric. In: *Dual city, restructuring New York.* New York: Russell Sage Foundation, 1992.

THOUMI, Francisco. *Economia, política e narcotráfico.* Bogotá: Tercer Mundo, 1994.

TULLIS, LaMond. *Unintended consequences: illegal drugs and drug policies in nine countries.* Boulder: Lynne Rienner, 1995.

UNDCP. *World drug report.* London: Oxford University Press, 1997.

ZALUAR, Alba. *A máquina e a revolta.* São Paulo: Brasiliense, 1985.

____. Mulher de bandido: crônica de uma cidade menos musical. *Revista de Estudos Feministas*, Rio de Janeiro, n. 1, 1993.

____. *Condomínio do diabo.* Rio de Janeiro: UFRJ, 1994.

AGRADECIMENTOS

Agradeço, em primeiro lugar, a Alba Zaluar, por todo o apoio dado, desde o intelectual ao moral, passando pela busca incansável de recursos e verbas para a pesquisa, e que sempre me encorajava a ir aos jogos mais tensos do Flamengo.

Ao Nuseg e, em particular, ao professor Luiz Henrique Bahia, cujo apoio incansável foi imprescindível.

Aos professores Lívio Sansone, João Trajano, Helena Bomeny, Mirian Sepulveda, Valter Sinder, José Augusto e Dario Souza e Silva.

A Regina Novaes, Elina e Charles Pessanha, Paulo Bahia e Michel Misse, pelo incentivo e apoio especial e carinhoso recebidos desde o meu contato inicial com as ciências sociais, na graduação do Instituto de Filosofia e Ciências Sociais da Uerj.

Aos companheiros do Núcleo de Pesquisa das Violências (Nupevi), sempre compartilhando as angústias e reflexões: Alexandre Meyer, Andrea Tubbs, Eneida Maia, Fátima Cecchetto, Jorge Luís, Larte Vallerini Neto, Maria Alice Rezende Gonçalves e, em especial, Ana Paula Ribeiro e Luiz Fernando Almeida Pereira, amigos das horas mais dolorosas e felizes.

Aos torcedores que se empenharam duramente em descrever e me abrir caminhos dentro desta torcida organizada de futebol.

Aos amigos e amigas que, mesmo em outros campos do conhecimento, puderam partilhar experiências e me incentivar: Bianca Leite, Ledilson Lopes, Ivia Maksud e Luís Otávio, Carlos Monteiro, Nalayne Mendonça e Élida, Elza e Juvenal, Délia e Luís Santos.

A Roberta Verdadeiro, companheira até mesmo de trabalho de campo em algumas e muito tumultuadas ocasiões, pelo constante apoio, crítica e alertas feitos de forma afetuosa.

Aos amigos Humberto Matoso, José Machado, José Ribeiro, Márcia Tatagibe e Hélio Botelho, Marluce Vieira, Pablo Bretas, Marcelo Velasko, Paulo César, Carla Monteiro, Cristiane Pimentel, Sérgio Adelson e Eduardo Apel.

E um agradecimento especial a dois amigos e cientistas sociais que me apoiaram indo a jogos e ajudando na caminhada inicial com a Raça Rubro-Negra: Marcelo Guilhon e Bernardo Buarque de Holanda.

INTRODUÇÃO

Nos últimos anos, diversos setores da sociedade civil organizada brasileira, preocupados com as questões que afligem uma camada da juventude, têm debatido sobre a pobreza, a exclusão, a educação e a violência. Tal debate tem levado em consideração o campo de possibilidades oferecido à juventude brasileira pelas políticas públicas nos últimos anos.

Um dos aspectos que demonstra a insatisfação dos jovens com o seu futuro diz respeito à violência, especialmente, no que nos interessa aqui, a violência nos estádios de futebol. Ouve-se e lê-se com freqüência na mídia que essa violência só ocorre por se tratar de vândalos ou de pessoas excluídas do mercado de trabalho, que usariam desse meio durante as partidas do esporte mais popular do país, quiçá do mundo, para manifestar sua indignação, o que lhe daria um caráter de protesto de classe ou de luta de classe. Outra idéia comumente aceita é que se trata de pessoas pertencentes a famílias desestruturadas, nas quais o controle social familiar não se daria mais. Mas, sendo assim, por que então a violência não se exerce contra o poder ou contra as camadas mais abastadas? Por que o fenômeno dessa violência estaria se dando entre "iguais" do mesmo nível ou da mesma classe social? Será que podemos realmente encontrar aí um fenômeno de luta de classes, quando os conflitos entre torcedores de diferentes times envolvem elementos das mais variadas classes sociais e econômicas?

Não se pode ignorar a relevância desse debate na sociedade brasileira. A própria Justiça do estado de São Paulo foi levada a decretar em 1997 o fechamento das quase 20 torcidas organizadas lá existentes, contando com cerca de 60 mil associados, devido às várias ações violentas atribuídas a esses grupos dentro dos estádios de futebol. Ainda hoje, em São Paulo, é vedada a entrada nos estádios de qualquer símbolo que faça referência a essas torcidas, como camisas, bandeiras, faixas etc.

No entanto, nas ciências sociais brasileiras, a temática do futebol foi sempre pouco explorada, ficando por muito tempo marginalizada. Somente no final da década de 1970 e início da de 80 foi que alguns antropólogos, como Roberto DaMatta, Simone Lahoud Guedes, Arno Vogel e, mais tarde, José Sérgio Leite Lopes, pelo viés da formação da classe operária no Brasil, vieram a focalizar de outras maneiras esse fenômeno até então visto como sinal de alienação e conformismo do povo brasileiro e também instrumento de dominação e manipulação política de nossas elites. Isso apesar de o futebol vir adquirindo crescente popularidade desde o início do processo de urbanização do país, no começo do século XX.

Essas teses sobre o futebol, então revolucionárias na universidade brasileira, tentavam demonstrar que, em nosso país, tal esporte faculta à maioria da população, principalmente às baixas camadas, a experiência da justiça (ou *fair play*). Assim, numa sociedade hierarquizada, que não permite a igualdade perante as leis, o futebol possibilitaria tal experiência porque para nele vencer é necessário ter seus próprios méritos, ou, como se diz, é preciso literalmente "vencer com os próprios pés", ao contrário de outros setores da sociedade brasileira onde a vitória, segundo o senso comum, se daria pelos conhecimentos pessoais ou pelo pistolão. Essas teses mostraram que o futebol no Brasil não tinha a ver com uma questão de luta de classes ou de ideologia, como pretendiam as teorias marxistas radicais dos anos 1970 e 1980, que o acusavam de mistificar a realidade, legitimar o capitalismo e ser um aparelho ideológico do Estado. Um trecho de um livro de Roberto Ramos (1984) sintetiza esse pensamento e sua crítica à obra de Roberto DaMatta:

> O carnaval desestabiliza o conflito de classes durante quatro dias. O futebol é bem mais eficiente. Extingue as relações de produção diariamente. Dispõe de um discurso competitivo interminável, engendrando conceitos de identificação e divergência clubística.

No entanto, vivemos um momento marcado pela violência entre torcidas organizadas de futebol, dentro e fora dos estádios. Seria essa uma etapa em que todas as camadas da sociedade brasileira, que sempre se identificaram com o futebol, estariam perdendo tal identificação, passando a depreciá-lo e a manifestar sua insatisfação por meio de atitudes isentas de autocontrole?

Na cidade do Rio de Janeiro, uma torcida organizada chama a atenção: a Raça Rubro-Negra (RRN). Fundada em 1977, veio tomar o lugar da antiga Charanga Rubro-Negra, grupo que não tinha o forte caráter associativo da RRN. Esta declara ter mais de 50 mil membros em todo o país, considerando-se portanto a maior das torcidas. Possui ainda uma complexa estrutura administrativa, com hierarquia e eleição para a presidência, estando subdividida em 29 "regiões" correspondentes a áreas da Região Metropolitana do Rio de Janeiro e municípios do estado. Todas elas têm seus representantes numa espécie de fórum decisório central.

A associação, que tem sedes em quase todo o território nacional e uma movimentação econômica que vai desde a cobrança de mensalidades de seus 56.300 sócios até a venda de produtos com a sua marca, afirma garantir a presença de seus membros em jogos do Flamengo em todo o Brasil e no exterior (nos países do Mercosul ou, dependendo da importância do campeonato, mais longe ainda), bem como em jogos de outras modalidades esportivas, como o basquete, por exemplo.

Sua maior rival é a Força Jovem Vascaína, torcida do clube que é o principal adversário do Flamengo no Rio de Janeiro. Dentro do estádio as duas torcidas promovem, através de uma espécie de "ritual mágico", a excitação coletiva ao exaltarem o próprio time e seus torcedores, atribuindo-se uma identidade viril e marcadamente guerreira, ao mesmo tempo em que conferem aos adversários uma identidade efeminada.

Mas, o que explicaria o atual fenômeno da violência no futebol brasileiro? Para desvendar a associação entre futebol e violência foi necessário realizar uma pesquisa de campo etnográfica, baseada em observação participante e entrevistas semi-estruturadas, convivendo durante oito meses com os membros da torcida RRN. A discussão da extensa literatura hoje existente na Europa sobre o assunto forneceu o balizamento teórico do estudo.

Assim, ao explorar mais a fundo o campo de possibilidades dos jovens, procura-se descobrir se, de fato, o problema está na desilusão com a sociedade brasileira, inclusive com o futebol, nosso produto de maior sucesso internacional. Até que ponto isso reflete a fragmentação da sociedade brasileira e quais as alternativas para essa autodestruição? Eis algumas questões que merecem reflexão.

Este estudo visa esclarecer aspectos ligados aos seguintes temas, enfocados a partir do futebol: masculinidade; violência; uso de drogas; e redes de sociabilidade.

Fazer uma etnografia da Raça Rubro-Negra era para mim um grande desafio, porquanto implicava introduzir-me num meio onde estética, social e fisicamente eu estaria destoando da grande maioria dos jovens entre 14 e 21 anos que costumam freqüentar os estádios. Além disso, era preciso ter um local por onde começar — e, ainda, como começar?

Assim, comecei assistindo aos jogos do Flamengo, seja no meio da RRN ou então a distância, observando suas atitudes e reações, bem como as da massa de outros torcedores, organizados ou não. Para tanto contei com a ajuda de alguns ex-colegas de graduação que já haviam participado da RRN, o que me poupou de ter que explicar o que faz um cientista social ou mesmo de ser confundido com algum jornalista que estivesse investigando a violência nos estádios ou o comportamento exótico de torcedores suburbanos. Eles me deram entrevistas e me acompanharam nas primeiras idas ao Maracanã, no meio da torcida do Flamengo.

CAPÍTULO I

O futebol e o Brasil: breve história de longos processos

Como foi antes?

O futebol foi introduzido no país no final do século passado por Henry Cox e Charles Miller, brasileiros que foram estudar na Inglaterra, sendo filhos de ingleses aqui radicados. Para tanto escolheram as duas principais cidades do país: no Rio de Janeiro, Henry Cox fundou o Fluminense Football Club; em São Paulo, Charles Miller fundou o Paulistano.

O futebol no Brasil foi inicialmente um esporte freqüentado e praticado pela classe alta das grandes cidades brasileiras. Clubes e equipes eram formados por altos empresários, ricos comerciantes, enfim, a elite carioca e paulistana. Os trabalhadores, principalmente os negros, não tinham então acesso ao esporte bretão. Ao popularizar-se, o esporte passou a ser praticado nos subúrbios, em campos conhecidos como "peladas" por serem desprovidos de gramado.

Com o surgimento de outros clubes na cidade do Rio de Janeiro, começaram a formar-se ligas e campeonatos de que os mesmos participavam com seus jogadores pertencentes às mencionadas elites. Não muito mais tarde, com a popularização do esporte nos subúrbios e a criação de clubes ligados a fábricas, tornou-se mais comum nos gramados a presença de trabalhadores e negros. Em especial, cabe citar The Bangu Athletic Club, ligado à fábrica de tecidos Bangu, cuja equipe inicialmente era formada por jogadores ingleses, na verdade os dirigentes daquela fábrica. Como esse subúrbio era muito distante de suas casas, os ingleses deixaram de freqüentar o clube, e o Bangu passou a ser um time de operários que se dedicavam ao esporte em suas horas livres. Para José Sérgio Leite Lopes (2000), a entrada das classes operárias no futebol levou à profissionalização desse esporte, tirando-o do controle das elites e permitindo que os jogadores garantissem sua vaga por seus próprios méritos.

As ligas, os campeonatos e sobretudo as disputas internacionais também fizeram com que o Brasil se visse obrigado a profissionalizar o futebol, a exemplo do que já acontecia em diversos países como Inglaterra, Argentina e Espanha, entre outros. E a profissionalização daria oportunidade aos jogadores de se destacarem não por sua condição socioeconômica, e sim por suas habilidades com a bola dentro de campo. Foi a partir daí que o futebol se tornou o esporte das grandes massas nacionais e sua maior paixão, contribuindo para criar uma identidade nacional e moldando o que Norbert Elias denominou formação subjetiva, ou seja, a transmissão de valores ligados ao esporte, onde a idéia de rivalidade pode estar associada à disputa sem ferimentos e com índices preestabelecidos de violência, formando um *habitus* de competições esportivas. Àquela altura os clubes estavam muito ligados aos bairros e às suas populações locais. Segundo Anatol Rosenfeld, da escola paulista de sociologia, para a qual a contradição de classe é sempre determinante, nas partidas disputadas pelos clubes de elite em campos de clubes de origens proletárias, as torcidas já se hostilizavam e geravam confrontos marcados pelas diferenças sociais.

Como a presença dos negros ainda não era permitida em alguns clubes mais elitistas da época, isso criava uma separação entre os clubes e seus campos de treinamento. Assim, no Fluminense,[1] por exemplo, um jogador negro e operário não tinha acesso às dependências do clube que não fossem de uso exclusivo para treinos e jogos. Tal situa-

---

[1] O Fluminense foi o último dos quatro grandes clubes cariocas a aceitar negros em seus quadros.

ção levava certos jogadores desse clube a se cobrirem de pó-de-arroz, na tentativa de serem mais bem aceitos entre os dirigentes e torcedores. Além disso, embora o futebol fosse o meio mais rápido de ascensão econômica para os negros e operários das grandes cidades brasileiras, nem sempre ela vinha acompanhada de ascensão social. Para alguns autores, como Anatol Rosenfeld, o dinheiro ganho não significava aceitação social. Segundo expressão da época "um negro no Fluminense não era um negro para o Fluminense", ou seja, ele não era aceito pelos quadros sociais do clube.

A problemática racial era tão forte que foi fundada uma liga com o objetivo de excluir dos campeonatos o Vasco da Gama, clube da colônia portuguesa no Rio de Janeiro e o primeiro a aceitar negros no seu elenco. E, por exigência do Fluminense Football Club, somente construindo um estádio próprio com capacidade para 30 mil pessoas poderia aquele clube participar do campeonato. Assim, o Vasco da Gama tratou de arrecadar verbas na colônia portuguesa para construir o estádio de São Januário, que se tornou o maior do Rio de Janeiro até a década de 1950, quando foi inaugurado o Estádio Mário Filho, o Maracanã.

A derrota para a seleção do Uruguai na final da Copa de 1950 restabeleceu ou deixou mais aparente a problemática do preconceito racial. Autor de *O negro no futebol brasileiro*, o jornalista Mário Filho, irmão de Nelson Rodrigues, afirma em seu livro que a acusação, então veiculada na imprensa, de que os negros escalados para o selecionado brasileiro teriam sido os responsáveis pela derrota para o Uruguai era prova da frágil integração racial existente no Brasil e ainda expunha a pseudotolerância racial na sociedade brasileira..

Hoje

O atual momento do futebol brasileiro é de expectativa e reformulação. Não se sabe ao certo que caminhos o esporte bretão irá tomar em nossas terras. É fato que ele busca adaptar-se ao máximo ao modelo que há uma década predomina na Europa, onde os clubes de futebol adotam a gestão empresarial, sendo às vezes bancados por empresas que usam a marca do time como produto para vendas. Embora a maioria desses clubes adote o modelo de gestão empresarial, muitos continuam com suas elites tradicionais no centro das decisões, ao contrário do que aconteceu recentemente no Brasil com o Sociedade Esportiva Palmeiras.

A Inglaterra foi o primeiro país a tentar transformar seu futebol. Para enfrentar as crises surgidas no final dos anos 1980, quando a violência nos estádios levou ao afastamento do grande público e a severas punições do futebol inglês pela Fifa, aquele país procurou tornar seu futebol mais mercantil, semelhante ao modelo hoje adotado em quase todo o mundo.

Em seguida, outros países também adotaram esse modelo, que no Brasil convencionou-se chamar de clube-empresa, ou seja, a idéia de que os clubes de futebol e as associações esportivas devem considerar-se empresas e, portanto, ter como principal objetivo o lucro. Mas as implicações do modelo do clube-empresa não param por aí, e o debate ainda não está suficientemente claro para que se possa conhecê-las em toda a sua extensão.

Essa transformação ocorrida nos clubes ingleses não constitui, porém, a única explicação para a violência exibida pelos *hooligans* ingleses nos estádios europeus. Também é preciso levar em conta o atual contexto político-econômico mundial, caracterizado por economias desregulamentadas e globais, onde se observam, no entanto, fortes manifestações de nacionalismo xenófobo e um notável incremento do espírito guerreiro.

Outro aspecto que marca fortemente o futebol no mundo, inclusive no Brasil, igualmente relacionado com a internacionalização e a globalização, é a formação de dois corpos ligados estrutural e organicamente aos clubes de futebol: o grupo formado pelos profissionais do esporte, que passou a englobar desde o mais alto dirigente ao simples roupeiro ou gandula, e o grupo constituído pelos que têm uma ligação amadorística, militante e passional com o clube, como é o caso dos torcedores, organizados ou não.

Os primeiros estão vinculados ao clube pelo contrato e pelo chamado "profissionalismo", sem o que a sua presença no mercado de trabalho ficaria altamente comprometida pelo fato de suas imagens estarem associadas a um determinado clube de futebol, donde a necessidade de se mostrarem neutros e imparciais. Assim, esse grupo tem circulação global, não ficando restrito a um país ou uma região, desde que os clubes solicitem seus serviços. Essa imagem do profissional sem ligações afetivas com os clubes visa abrir espaço no mercado de trabalho. Exemplo disso são os jogadores brasileiros que integram hoje equipes de clubes estrangeiros. No entanto, alguns profissionais do esporte acabam criando uma forte identificação com certos clubes, quer por se declararem seus torcedores, quer por serem venerados pelas suas torcidas. Nesse caso, aquele que no início era só profissional passa a integrar o segundo grupo, pois as duas categorias podem ser antagônicas, mas não excludentes, e o torcedor vê a possibilidade de integrar aquela equipe e fazer valer os seus princípios de militância passional.

Já aqueles cuja ligação com o esporte é amadorística exigem dos primeiros amor à "camisa", "raça", "garra", termos que denotam uma relação em que predominam a emotividade, a passionalidade, a masculinidade e mesmo a honra. E não é raro os chefes de torcidas organizadas assumirem cargos de direção nos clubes aos quais estão ligados única e exclusivamente de maneira passional, como foi o caso dos chamados "dirigentes amadores", todos ex-dirigentes da Torcida Jovem do Flamengo que passaram a integrar a direção do Clube de Regatas Flamengo durante a gestão do presidente Edmundo Santos Silva.

Isso parece demonstrar que a relação profissionalismo *versus* amadorismo pode não ser tão simples e maniqueísta como muitos querem fazer crer. Essa relação se torna mais complexa à medida que dirigentes e torcedores exigem, respectivamente, um maior grau de profissionalismo e de amadorismo. Assim, a acusação de "mercenário" feita ao jogador que deixa o seu clube por outro que lhe ofereça melhores condições torna-se descabida dentro do próprio modelo de futebol que a globalização vem impondo. É pois natural que os jogadores brasileiros se transfiram para os clubes europeus em busca de melhores contratos e maior visibilidade mundial.

Ainda hoje é comum as torcidas dos clubes de futebol hostilizarem certos profissionais por entenderem que estes deixaram de atuar no seu time "por dinheiro". Isso acontece quando jogadores ou técnicos criam uma forte identidade com o clube e sua torcida. Por exemplo, em junho de 2000, quando o Corinthians foi desclassificado da Copa Libertadores da América e da Copa do Brasil, membros da torcida organizada Gaviões da Fiel — hoje oficialmente extinta — invadiram o vestiário dos jogadores na tentativa de agredi-los verbal e fisicamente, acusando-os de mercenários e atirando-lhes notas e moedas de R$1. Esse tipo de cobrança, comum nos campos brasileiros, parte de grupos militantes que vêem nos jogadores de futebol que vestem a camisa de seus clubes um símbolo de sua própria honra e masculinidade. Essa exigência de "amor à camisa" se dá também nos momentos de crise do clube.

O caso do jogador Athirson, da seleção brasileira e do Flamengo, é revelador dessa condição militante dos torcedores. Desde que a mídia esportiva anunciou sua intenção de trocar o Flamengo por um clube europeu, o até então maior ídolo da torcida rubro-negra passou a ser considerado o seu maior desafeto. Assim, na partida subsequente ao anúncio de sua saída, o jogador foi hostilizado como "mercenário", o que segundo os comentaristas esportivos teria influenciado negativamente a sua atuação dentro de campo.

O Campeonato Carioca

Em suas últimas versões, o Campeonato Carioca foi marcado pela desorganização, tendo havido alterações no regulamento com a competição em andamento e todo tipo de interferência política da Federação de Futebol do Estado do Rio de Janeiro (Ferj), dirigida há mais de 10 anos por Eduardo Viana, ligado ao clube Americano e também professor titulado da Uerj. Este fazia suas manobras em aliança com clubes pequenos e principalmente com o Clube de Regatas Vasco da Gama, mais exatamente na pessoa de seu vice-presidente de futebol, Eurico Miranda, deputado federal em segundo mandato e figura controversa.

Dependendo do momento político do mundo futebolístico, tal aliança favorecia em maior ou menor medida os interesses de cada uma dessas três partes, obviamente sob os protestos das direções dos outros três grandes clubes do Rio de Janeiro, Botafogo, Fluminense e Flamengo, que no entanto corroboravam as decisões da Ferj, numa atitude dúbia.

A partir de 1999, a Rede Globo de Televisão assumiu o Campeonato Carioca, investindo vultosos recursos financeiros na sua estrutura e organização. Além disso, a entrada de novos patrocinadores contribuiu para dar à competição maior credibilidade junto ao torcedor e à mídia esportiva.

Na verdade, passamos a ter aqui no futebol carioca um encontro entre o tradicional e o moderno, sem atribuir a esses termos nenhuma conotação maniqueísta. Assim, o moderno estaria representado pela Rede Globo de Televisão, e o tradicional, pelos grupos políticos ligados a Eurico Miranda e Eduardo Viana.

A "parceria" com a Rede Globo atendeu à necessidade de angariar recursos para os times do Rio de Janeiro, cada vez mais ofuscados pelos clubes paulistas, que contam com melhor infra-estrutura e campeonatos regionais mais organizados, podendo assim investir na formação de novos ídolos. Basta ver seus centros de treinamento, ou ainda a vitalidade de certos clubes do interior do estado, beneficiados pelos subsídios concedidos pelo governo federal nas regiões produtoras de álcool. Por outro lado, o Campeonato Carioca não receberia tamanho investimento se não houvesse expectativa de retorno financeiro para seus patrocinadores.

O fato é que uma competição organizada e sem interferências políticas devolve a credibilidade ao futebol e aos clubes, ficando o confronto restrito aos gramados e longe dos tribunais ou das articulações de gabinetes. Agora o campeonato é negociado entre duas partes: uma representando o moderno, o mercado, as empresas multinacionais, os meios de comunicação, incluindo a internet, por meio da qual os torcedores podem até comprar ingressos para os jogos; e a outra representando o tradicional, as antigas elites políticas à frente dos velhos clubes, alguns dos quais não promoveram quase nenhuma mudança em sua estrutura de poder, como é o caso do Fluminense, que ainda mantém eleições indiretas e membros vitalícios.

Nessa nova estruturação do Campeonato Carioca não há espaço para as torcidas organizadas, mas isso não chega a representar nenhuma novidade, já que esse espaço nunca lhes foi realmente concedido, pelo menos na história recente da competição.

O atual contexto do futebol

Um dos aspectos marcantes do futebol brasileiro são as distorções salariais. Por exemplo, enquanto um time da segunda divisão, como o Náutico, tem uma folha mensal de pagamento que mal chega a R$50 mil, no Flamengo, da primeira divisão, um jogador recém-contratado, como Gamarra, tem um salário mensal declarado de R$480 mil.

Ao mesmo tempo, há clubes que sobrevivem somente graças à persistência de certas pessoas, o que mostra bem as disparidades existentes no futebol brasileiro. Outro caso interessante é o de Ronaldinho, jogador que, após ser rejeitado pelo Flamengo, cujos dirigentes se recusaram a pagar-lhe o vale-transporte, foi encontrar no Cruzeiro de Belo Horizonte a chance de mostrar seu futebol para o Brasil e, posteriormente, para todo o mundo.

Eis por que ainda não se pode ver o futebol brasileiro como um campo promissor para uma juventude desiludida com o mercado formal de trabalho e tão fortemente marcada pelas desigualdades sociais.

O atual contexto do futebol no Brasil não pode em nenhuma hipótese ser dissociado daquele do futebol mundial ou mesmo da conjuntura política internacional. Isso porque a associação de grandes empresas aos clubes nacionais não raro acaba por desfigurar suas formações originais, afastando do comando político os grupos sociais ligados aos primeiros fundadores, como é o caso do Palmeiras, clube criado no início da década de 1930 em São Paulo por imigrantes italianos e cuja administração foi totalmente dominada pela empresa patrocinadora, a Parmalat, durante boa parte dos anos 1990.

Segundo alguns sociólogos, como Nestor Canclini (1997), o mesmo estaria acontecendo com a política nos países da América Latina, onde a dependência econômica em relação ao Primeiro Mundo e a submissão às diretrizes do FMI e das grandes corporações transnacionais retiraram o espaço da representação e do poder decisório.

Existe outra forma de associação entre clubes e empresas na qual os clubes não perdem totalmente seu poder de mando nas decisões internas, mas isso pode significar menos investimento por parte das empresas. No Rio de Janeiro, Vasco e Flamengo já firmaram parcerias com grupos internacionais, mas Botafogo e Fluminense ainda não conseguiram fechar acordos desse tipo com nenhuma empresa.

Os dirigentes do Vasco da Gama alegam que sua parceria com o Nation Bank apenas confere a este o uso da imagem do clube e de seus jogadores, mas não o direito de ingerir-se nas decisões internas, versão que é confirmada na imprensa pelos representantes daquele grupo no Brasil.

Já a parceria do Flamengo com a ISL ainda não se encontra totalmente definida, mas uma das críticas feitas pelos torcedores é que a empresa não dá ao clube recursos suficientes para formar uma boa equipe, além de deixá-lo às vezes em situações delicadas, como quando foi expulso de seu centro de treinamento, o Fla-Barra, por falta de pagamento de aluguel.

Essas parcerias absolutamente inéditas no futebol carioca (no paulista já existiam desde o início dos anos 1990, com o Palmeiras-Parmalat) são muito recentes para que o torcedor possa formar uma opinião conclusiva. Mas, como elas não duram para sempre, os clubes se vêem em difícil situação quando as empresas se retiram. É o caso de clubes como Palmeiras e Juventude, que estiveram associados à Parmalat por mais de cinco anos e quando perderam esse apoio tiveram que contar com elencos desprovidos de ídolos e craques.

A associação de uma mesma empresa com mais de um clube (como no caso anteriormente citado) vem sendo debatida no Congresso Nacional e já foi objeto de uma medida provisória do governo federal, que decidiu proibir esse tipo de patrocínio. Porém, essa lei ainda não foi regulamentada e continua esbarrando nos trâmites da burocracia de Brasília.

Para alguns especialistas, a possibilidade de uma empresa patrocinar dois clubes compromete a própria credibilidade do futebol, visto que ela poderá favorecer aquele que lhe trouxer mais vantagens comerciais ao vencer um campeonato. Em todo caso, tal debate serve para mostrar como essas mudanças podem interferir na imagem que o torcedor tem do futebol. Além disso, leva-nos a refletir sobre o tipo de participação que estaria reservada aos torcedores organizados ou aos sócios na gestão de seus clubes, bem como sobre o papel que caberia às elites políticas dos clubes nessas parcerias. Isso porque, como veremos adiante, uma corrente teórica inglesa associa a violência dos torcedores à falta de participação deles nas decisões de seus clubes.

Mas, sendo assim, que motivo teriam as torcidas para agredir umas às outras se o problema está na cúpula de seus próprios clubes? E como é possível que os torcedores usem de violência contra aquilo que é o próprio objeto de suas paixões?

Tentaremos responder a essas perguntas através da observação participante. As torcidas organizadas expressam seu descontentamento de diversas formas e com diversos graus de intensidade, desde a simples vaia até a agressão física a dirigentes e jogadores ou mesmo contra o patrimônio dos clubes e o aparelho público urbano.

O material aqui utilizado foi extraído da *home page* oficial da Raça Rubro-Negra <http://www.racarubronegra.com.br> e serve para mostrar toda a ambigüidade existente numa torcida organizada, porquanto transmite a imagem de um grupo voltado para a destruição do inimigo pelo viés da virilidade e, ao mesmo tempo, para movimentos tidos pela sociedade como de "grandeza social".

Reproduzimos aqui a convocação da direção do Grêmio Recreativo Movimento Cultural Raça Rubro-Negra (GRMCRRN) para um jogo entre Flamengo e Fluminense durante o Campeonato Carioca de 2000. Os termos nela empregados falam por si só no que diz respeito à condição de "guerreiros" e à violência apoiada na masculinidade: "mostrar a verdadeira Raça", "massacrando os alemão", "porrada nos Alfaces e nos Young Cus".

A expressão "verdadeira Raça" sugere duplo sentido: raça como torcida e raça no sentido de brigar e dar tudo de si para uma causa. Não creio que esteja aí envolvido o sentido antropológico de grupo social, etnia. Aliás, é curioso o uso desse termo nos esportes, inclusive por comentaristas mais requintados, como Armando Nogueira.

"Massacrando os alemão" revela dois aspectos. Primeiro, a própria expressão popularizada pelos grupos de galeras *funk*, significando inimigo ou estranho, alheio. Segundo, o mau uso da língua portuguesa nos remete à idéia de algo preconcebido, uma forma estereotipada de marketing, dando a entender que para bater e ser macho não é preciso falar corretamente o idioma.

A expressão "porrada nos Alfaces e nos Young Cus" deixa clara a depreciação viril dos grupos rivais de torcedores organizados. A referência a duas torcidas organizadas do Fluminense remete a esses significados simbólicos.

Esses brados não são meras agressões sem sentido entre grupos de torcedores organizados, mas traduzem o sentimento, no sentido dado por Marcel Mauss, de que esses grupos estariam assim manifestando uma espécie de desejo ou vontade coletiva. São brados de louvor ao próprio clube e a si mesmos e de guerra aos adversários. Eis o folheto da RRN:

COMUNICADO À NAÇÃO

Agora é a hora de também fazermos a nossa parte. Temos que invadir o Maracanã, no Domingo, na finalidade de levarmos nosso Flamengo à conquista deste 1º turno. Ainda se tornará mais possível se ganharmos os pontos do jogo em Cabo Frio. Nós, os Casacas Vermelhas, temos a obrigação de apoiar o nosso time, pois todos sabem que a Raça Rubro-Negra é o termômetro do Maracanã. Domingo contra o Fluzinho vamos mostrar a nossa verdadeira Raça: cantando e empurrando o time o tempo inteiro, e massacrando os alemão! Porrada nos Alfaces e nos Young Cus! O ritmo mudou!!!!

Diretoria do GRMC Raça Rubro-Negra

No último capítulo reproduzimos trechos dos gritos de guerra entoados em coro por toda a Raça Rubro-Negra nas arquibancadas do Maracanã. Os membros das demais torcidas organizadas do Flamengo e também o chamado "povão" (torcedores que não fazem parte de nenhuma torcida organizada) costumam acompanhar esses gritos de guerra, mas muitas vezes são eles quem puxam o coro. Aqui não interessa saber "quem começou primeiro", pois não se trata de investigar a rivalidade entre as torcidas organizadas de um mesmo clube ou entre estas e o "povão", e sim de mostrar a interação existente entre esses grupos. Às vezes esses gritos são uma resposta às provocações dos adversários, que costumam chamar a torcida do Flamengo de "favela" pelo fato de seus membros serem predominantemente de baixa renda e negros.

Os gritos de guerra se fazem acompanhar de instrumentos de percussão e produzem verdadeiras coreografias nas arquibancadas dos estádios de futebol. A bateria de uma torcida organizada reúne seus membros mais prestigiados internamente. Para fazer parte dela é preciso, além de habilidade rítmica, ser "conceituado" na torcida, isto é, dedicar-se inteiramente à RRN e estar disponível para acompanhar o elenco do Flamengo em suas viagens pelo Brasil e mesmo ao exterior.

O Maracanã: espírito esportivo ou guerra? A interferência da política pública nas arquibancadas

O *locus* privilegiado dos jogos — e, portanto, de observação — é o estádio do Maracanã, situado na zona norte da cidade do Rio de Janeiro. Inaugurado em 1950 para abrigar os jogos mais importantes da Copa do Mundo daquele ano, sua construção fazia parte de um projeto de Estado e foi motivo de disputa entre políticos locais e de São Paulo, que reivindicavam essa honra para o Pacaembu. Já os defensores da construção do Maracanã argumentavam que o país precisava de um estádio à altura de um evento internacional de tamanha magnitude como o Campeonato Mundial.

É importante esclarecer o motivo pelo qual o chefe de uma torcida organizada do Flamengo, o *Jaiminho* da então Charanga Rubro-Negra, foi convocado pelos organizadores da Copa do Mundo a ser realizada naquele ano no Brasil: sua função seria comandar, controlar, educar e civilizar a torcida brasileira no estádio do Maracanã durante a partida final do torneio entre Brasil e Uruguai, segundo nos informa a historiadora Gisella de Araujo Moura. Afinal, naquele dia em que toda as atenções estariam voltadas para o evento, era fundamental que o Brasil transmitisse para o mundo uma bela imagem.

Seria possível imaginar que hoje um chefe de torcida organizada cumprisse esse papel? Ainda mais quando se sabe que a própria polícia tem com esses torcedores uma relação sempre tensa e que os dirigentes da Suderj (Superintendência de Esportes do Rio de Janeiro) vêm ultimamente tentando pacificá-los com mensagens transmitidas no placar do estádio e nos meios de comunicação.

Durante a pesquisa de campo, pude comparar dois momentos distintos na gestão governamental da Suderj. Mesmo no curto espaço de apenas um ano foi possível observar mudanças interessantes na gerência do estádio, cada uma delas ligada a um projeto de Maracanã e também a uma concepção de Estado.

A gestão de Raul Raposo, presidente da Suderj no governo Marcello Alencar, havia desativado a "geral", o espaço desabrigado mais próximo ao campo, onde se assiste aos jogos de pé, também conhecido como campo neutro por abrigar todas as torcidas sem demarcação de espaço, ao contrário das arquibancadas, e onde o ingresso é mais barato, custando entre R$3 e R$5. Tal desativação se deu sob a alegação de que a geral — donde o termo "geraldino" — não atendia aos padrões e recomendações da Federação Internacional das Associações de Futebol (Fifa) para os estádios do mundo. No entanto, isso não foi levado em conta no estádio do Mineirão, que tem as mesmas características físicas do Maracanã.

Cogitaram-se vários projetos de reforma do estádio, inclusive a polêmica tese, defendida inicialmente pelo ex-presidente da Fifa João Havelange, propondo sua demolição e a construção de um estádio menor e mais moderno, com cobertura, telão, cadeiras mais confortáveis, espaço para um minishopping e maior número de vagas para estacionamento. Alegou-se que um estádio desse tamanho não era mais necessário, devido à expansão das redes de televisão por assinatura, ou mesmo que as obras no Maracanã seriam inúteis, pois os próprios torcedores não tardariam a depredá-las.

Porém, com a entrada em cena de uma nova administração da Suderj e de um novo governo do Estado, descartou-se a idéia de demolir o Maracanã ou mesmo de construir um novo estádio noutro lugar, com recursos públicos. Decidiu-se dar ao Maracanã a sua maior reforma desde a sua inauguração em 1950.

Em menos de um mês de gestão, reativaram-se todas as bilheterias, sinalizaram-se os principais portões e pintou-se todo o estádio. Mais: cumpriu-se projeto da Assembléia Legislativa, de autoria do deputado Roberto Dinamite (aprovado pela Assembléia e sancionado pelo governador Marcello Alencar, mas não cumprido pela Polícia Militar), permitindo aos torcedores ingressarem no estádio portando bandeiras das torcidas organizadas. Segundo um membro da RRN por mim entrevistado, isso teria sido fruto de acordo político entre essas torcidas e o governador durante a sua campanha.

O Maracanã foi reinaugurado em 20 de janeiro de 1999 (dia de São Sebastião, padroeiro da cidade) com o jogo Flamengo e Fluminense. Não houve venda direta de ingressos para essa partida: os ingressos foram vendidos a grandes empresas, que os distribuíram aos torcedores através de promoções.

Esse foi apenas o início de uma série de mudanças que vieram a materializar-se um ano depois, ratificando a divisão socioespacial do Maracanã em função das torcidas e também dos grupos sociais. Vale notar que no espaço reservado aos VIPs não há divisões internas para separar as torcidas, assim como nos outros grandes estádios do mundo não existem divisões na tribuna de honra nem no setor de cadeiras especiais. Mas o Maracanã se distingue dos demais estádios pelo fato de não estar associado à imagem de nenhum clube em particular. Mesmo nos torneios envolvendo clubes de outros estados, ele continua sendo um estádio cosmopolita, considerado por dirigentes e jornalistas um espaço neutro, não associado às torcidas dos clubes locais.

Cabe aqui uma breve explanação sobre a divisão socioespacial do Maracanã. Duas entradas principais dão acesso às arquibancadas do estádio: a entrada do Belini, localizada em frente à avenida Maracanã, e a rampa da Uerj, na saída da estação Maracanã do metrô. Por elas as torcidas organizadas demarcam seus espaços, influenciando também o acesso dos torcedores não-filiados a esses grupos. Assim, para evitar conflitos e tumultos, esses torcedores sempre preferem a entrada usada pela torcida organizada do seu clube. À avenida Eurico Rabello, junto ao estacionamento, existe uma terceira entrada, pelo Portão 18, que dá acesso às cadeiras comuns e especiais, aos vestiários dos times, às cabines de imprensa e à tribuna de honra. Uma quarta entrada, pela avenida Maracanã, conduz à geral.

Nas arquibancadas, no segundo andar, existem atualmente três setores: verde, amarelo e branco, estando os dois primeiros subdivididos em dois. O preço dos ingressos é variado, sendo mais caro para o setor branco, que é o setor "neutro",[2] de frente para as cabines de rádio, as cadeiras especiais e a tribuna de honra. À diferença dos outros setores, que avançam pelo espaço situado atrás das balizas, dele se tem uma visão ampla e central do campo. As torcidas organizadas e os torcedores comuns ocupam os setores verde e amarelo, situados em lados opostos.

As cadeiras especiais, também no segundo andar, recebem um público elitizado, pois seus ingressos custam três vezes mais caro que os dos setores verde ou amarelo da arquibancada. Já à tribuna de honra só têm acesso os convidados dos clubes ou da Suderj. Assim como as cadeiras especiais, a tribuna de honra fica no anel superior do Maracanã, ao lado das arquibancadas, atrás das cabines de rádio e acima das cadeiras comuns.

As cadeiras comuns, no primeiro andar e acima da geral, não são ocupadas por nenhuma torcida em particular, constituindo assim um espaço misto e aberto a todos. Atrás delas ficam as cadeiras perpétuas, assim chamadas por serem de uso permanente das famílias dos que as compraram à época da construção do Maracanã, a título de contribuição.

A geral, no andar térreo do estádio, é a área mais próxima do campo e de onde os torcedores assistem aos jogos de pé, sem proteção contra sol ou chuva, ficando também expostos a objetos lançados dos andares superiores, inclusive copos cheios de urina. Com a reforma do estádio, a geral, até então não compartimentada, precisou ser dividida para evitar confrontos, como os chamados "arrastões", muito comuns nesse espaço. Para impedir que os torcedores assistam aos jogos de pé, a Fifa determinou que em suas competições oficiais esses espaços sejam eliminados dos estádios de futebol. Todo o anel do Maracanã é coberto, exceto a geral e o campo.

---

[2] Neutro por não ser ocupado por uma única torcida, muito menos as organizadas. Porém, nos jogos contra times de pequena torcida ou de clubes de outros estados ou países, o setor perde essa neutralidade.

CAPÍTULO 2

Hooligans e baderneiros: masculinidade, etos guerreiro e nacionalismo

A imprensa costuma comparar a violência esportiva no Brasil com o fenômeno dos *hooligans*, observado na Europa, mas principalmente na Inglaterra. No entanto, o chamado hooliganismo, retratado por autores ingleses como Norbert Elias e Eric Dunning, não pode servir de modelo para a análise da violência das torcidas de futebol sem que se estabeleçam algumas distinções muito importantes entre as duas realidades. No Rio de Janeiro, por exemplo, não se observam certas características típicas como o nacionalismo xenófobo ou a ligação com grupos neonazistas ou neofascistas, como veremos mais adiante.

Bill Buford, jornalista americano que conviveu por quatro anos com *hooligans* ingleses dos mais diversos clubes, como Chelsea, Manchester United, Tottenham e Liverpool, é autor de *Entre os vândalos* (1990), obra que certamente contribui para enriquecer a discussão sobre o tema. Embora não seja um trabalho sociológico no sentido estrito do termo, seu livro nos serve como uma densa descrição etnográfica. Buford mostra um pouco da visão de mundo e da composição social do torcedor *hooligan*: geralmente jovem, alcoólatra, empregado nos mais diversos segmentos do mercado de trabalho, desde mecânico até diretor de grandes empresas:

> O resto do mundo é um lugar vasto, e seu principal habitante é o estranho. Os torcedores não gostavam do estranho. O estranho era detestá-

> vel. E não existia estranho mais estranho, e portanto mais detestável, do que o estrangeiro. O estrangeiro era aquele a quem eles verdadeiramente odiavam (era inconcebível que eles, sendo ingleses e estando agora na Itália, pudessem ser estrangeiros). O problema com os estrangeiros era o seguinte: eles eram incompletos. Por alguma razão, os estrangeiros jamais haviam galgado a escala evolutiva até o fim; havia um quê de inferioridade no estrangeiro — sobretudo os estrangeiros de cor escura, isso para não falar dos estrangeiros de cor escura que ainda por cima tentavam lhe vender alguma coisa. Esses eram os piores.

É esclarecedor o relato da viagem que fez a Turim, na Itália, juntamente com cerca de 250 torcedores do Manchester United num avião fretado. O rigoroso esquema de segurança a bordo, minuciosamente planejado para impedir quaisquer confrontos entre torcedores ingleses e italianos, revelou-se totalmente falho diante da habilidade dos torcedores para burlá-lo. Em alguns momentos o cenário descrito por Buford é o de uma verdadeira guerra:

> Um grupo de italianos apareceu, avançando repentinamente para a claridade do poste de luz. Eram diferentes dos demais, imbuídos de uma nítida intenção de lutar, plenos de orgulho e dignidade aviltada. Eles queriam uma confrontação e estavam ali aguardando para que isso acontecesse. Alguém veio em nossa direção brandindo um taco de bilhar ou uma haste de bandeira, e então, para nossa total perplexidade, o objeto foi simplesmente arrancado de suas mãos — por obra de Roy; Roy surgira do nada e arrancara o pau das mãos do italiano, quebrando-o em sua cabeça. A coisa foi estupendamente cronometrada, e no momento seguinte os demais torcedores ingleses entraram em ação, o rugido outra vez, vencendo rapidamente os italianos, que fugiram correndo em várias direções. Muitos, novamente, foram derrubados. Repetia-se a cena de italianos no chão, retorcendo-se indefesos enquanto os torcedores ingleses corriam até eles, amontoando-se ao redor de suas cabeças e chamando-os sem parar.

Este outro trecho do livro ilustra bem o clima de uma ação *hooligan* durante as partidas:

> O primeiro veículo blindado se aproximou do meio-fio. Era uma geringonça de aspecto estranho — algo entre um trator agrícola e um tanque

> da II Guerra Mundial, camuflado para a floresta tropical. Uma escotilha abriu-se, um elemento minúsculo na parte dianteira, e um soldado saltou para fora. O exército italiano fora chamado para levar os ingleses para suas camas, em grupos de cinco, acotovelados no interior de um veículo blindado para transporte de pessoal. Havia um problema: poucos torcedores ingleses sabiam onde estavam hospedados.

Para Bill Buford, a violência e a agressividade dos *hooligans* têm duas causas: a masculinidade e o nacionalismo. Mas essas atitudes violentas estão a seu ver associadas à presença constante do fenômeno multidão. Contudo, o autor exagera. A violência não ocorre somente pelo fato de haver uma multidão, e sim porque essa multidão compartilha de um mesmo conjunto de identidades, como a masculinidade agressiva e o nacionalismo xenófobo, que Buford tão bem descreveu e analisou em seu livro. Outras multidões se aglomeram em vários lugares no mundo sem gerar distúrbios ou qualquer tipo de violência contra algum outro grupo social.

Muito pelo contrário, no nosso caso, mais especificamente no Rio de Janeiro e na torcida que estudei, o "inimigo" é alguém da mesma etnia ou ainda do mesmo bairro e localidade. Fenômeno semelhante ao inglês pode estar ocorrendo em São Paulo, onde os times são formados a partir de etnias (italiana, portuguesa etc.).

Outra diferença em relação aos países europeus é o fato de haver mais de um grande time em cada metrópole brasileira, como é o caso de São Paulo, Rio de Janeiro e Belo Horizonte. Por isso observa-se aqui o fenômeno das alianças entre torcidas de cidades diferentes, não obstante o bairrismo e provincianismo que caracterizam a dinâmica política e social do país.

Para outros autores, a causa dessa violência é a falta de participação e representatividade desses grupos dentro de seus clubes, uma vez que estes tendem a deixar de lado suas tradições quando adotam o modelo de gestão empresarial, submetendo-se assim aos interesses dos grandes grupos internacionais. Nesse caso, voltamos a insistir, a pergunta é: por que a briga entre torcidas de diferentes clubes, se o problema está na democracia e na representatividade internas? E por que não se põe fim à violência mesmo nos clubes onde há alguma participação e representatividade?[3]

Analisando a história do esporte na Inglaterra e suas ligações com a violência, Norbert Elias e Eric Dunning (1994) mostram que o rúgbi e o futebol sempre estiveram associados a atitudes violentas tanto por parte dos atletas quanto dos torcedores. Segundo eles, certos esportes já eram praticados no século XIV dentro de regras impostas pelo rei.

Roberto DaMatta e Norbert Elias são concordes em que a quebra da rotina ou os episódios extraordinários no cotidiano são universais na vida social. DaMatta (1997) cita como exemplos o carnaval e as grandes festas religiosas. Esses momentos extraordinários podem ser de celebração da ordem, através do Estado ou da Igreja, ou da desordem, através da inversão dos papéis sociais, como no carnaval. E assim como uma sociedade hierarquizada, como a brasileira, se torna igualitária no carnaval, também uma sociedade igualitária, como a norte-americana, se torna hierarquizada em suas festas de inversão. Para DaMatta, o futebol é um desses momentos em que a inversão social faculta à camada da população desprovida dos direitos básicos de cidadania, justiça e igualdade a experiência de conhecê-los. No futebol, a necessidade de cumprir regras universais é em tudo diferente da experiência que essas camadas sociais têm com o Estado e a Justiça, donde o enorme sucesso desse esporte no Brasil. Essa teoria tem vários pontos contestáveis e voltaremos a falar dela mais adiante.

Os esportes são mais importantes nos Estados Unidos do que no Brasil, a julgar pelo volume de recursos que movimentam e pelo forte apelo que têm o basquete, o futebol americano e o beisebol naquele país. Sem falar dos esportes individuais, lá muito mais prestigiados e incentivados financeira e socialmente do que aqui. Todos esses espor-

---

[3] No Flamengo, durante a gestão de Edmundo Santos Silva, alguns representantes da Torcida Jovem chegaram a fazer parte da diretoria do clube e assumiram cargos ligados ao futebol.

tes, tanto coletivos quanto individuais, são amplamente divulgados e têm regras universais. Já no Brasil o *habitus* esportivo não se acha tão disseminado. Vale lembrar, porém, que certas modalidades de esporte muito populares nos Estados Unidos, como o boxe e o futebol americano, são bem mais violentos e apresentam maior risco à integridade física dos oponentes do que os esportes coletivos mais difundidos no Brasil.

O futebol, assim como os esportes praticados de acordo com regras objetivas, possui inúmeras funções sociais. Uma delas é o exercício controlado da violência. Para vários autores, como Norbert Elias, Georges Magnane e Eric Dunning, a violência existente nos esportes profissionais ou amadores é uma violência civilizada. Ou seja, os atores podem exercê-la até certo grau, à medida que as regras se transformam, estabelecendo punições mais brandas ou mais duras aos infratores. E as regras do futebol, segundo os especialistas, mudaram muito nos últimos 100 anos, passando a punir mais severamente os infratores e os árbitros coniventes com atitudes violentas. Assim, o esporte serviria também para equilibrar a tensão entre os jogadores, sujeitos a punições disciplinares. Quanto aos espectadores, esse efeito civilizatório não é tão claro, visto que não há punições para os torcedores mais violentos, devido à fragilidade do monopólio da violência do Estado e à falta de um regulamento claro dentro dos estádios.

Paradoxalmente, um fator que aumenta a violência entre os jogadores de futebol é a crescente profissionalização do esporte. Como seus passes são objeto de negociações milionárias, os jogadores são levados a vencer a qualquer custo, a "aparecer" no jogo em detrimento da equipe, a "não vestir a camisa" do clube porque deseja transferir-se para outro etc. Se em alguns casos isso pode resultar num aumento exacerbado da violência, em outros a mera indiferença no jogo põe os jogadores em confronto com a torcida.

Elias e Dunning atribuem às sociedades urbanas e industriais a destruição de espaços para liberação das emoções recalcadas pelo controle imposto na vida cotidiana. Assim, nessas sociedades, vai-se buscar esse espaço fora do cotidiano, em atividades de lazer públicas. Mesmo assim, esses processos de busca e construção de momentos extraordinários na vida cotidiana estão sujeitos a normas, regras e controles da civilização. O esporte é uma dessas construções sociais que produz uma "excitação agradável", podendo ao mesmo tempo ser controlada. Além disso, contribui para a formação de uma identidade coletiva e para dar sentido à vida de muitas pessoas. No entanto, segundo esses autores, nem sempre essas normas e regras da civilização são cumpridas uniformemente, podendo haver avanços e retrocessos. Como se trata de um processo que não tem ponto de partida nem segue uma linha reta de evolução, a possibilidade de retroceder está sempre presente. O uso descontrolado da violência por grupos não legitimados para tal — pois só ao Estado compete o uso legítimo da força — constituiria assim um retrocesso no processo civilizador, uma volta ao que Elias denomina "disputa primal".

Esse processo civilizador não é constante e retilíneo. Muito embora o hooliganismo não seja recente, Eric Dunning chegou à conclusão de que o fenômeno passou por fases de maior ou menor violência. Segundo ele, nas três décadas e meia que antecederam a I Guerra Mundial, o grau de violência nos distúrbios provocados pelos *hooligans* foi elevado, vindo a diminuir somente entre as duas guerras. Desde o fim da II Guerra Mundial, os índices desses distúrbios foram declinantes até a década de 1960, quando a Inglaterra foi sede da Copa do Mundo. Em nenhum momento, afirma Dunning, os *hooligans* deixaram que a violência chegasse ao marco zero, sempre promovendo distúrbios durante os jogos de futebol disputados na Inglaterra, sobretudo nas grandes cidades.

Dunning chama de "vulgares" as teses que atribuem à venda de bebidas alcóolicas nos arredores dos estádios nos dias de jogos o comportamento dos *hooligans*, assim como as teses que recorrem ao sociologismo para explicar a violência praticada nos gramados pelos principais atores do espetáculo: os jogadores.

Em seu livro ele rebate as teses dos seguintes autores: Ian Taylor, para quem o hooliganismo é a resistência da classe trabalhadora às mudanças no futebol, que esvaziaram o poder das elites tradicionais ligadas aos clubes, dando primazia às grandes empresas que investem nesse esporte; John Clarke, que aponta a profissionalização e a espetacularização do futebol como responsáveis pelo surgimento do hooliganismo, fenômeno observado somente a partir dos anos 1960; Marsh, Rosser e Harré, para quem a violência é fabricada pelos meios de comunicação, nos quais predomina a visão de uma elite interessada em afastar a classe trabalhadora dos estádios.

Segundo Dunning, a masculinidade seria o principal fator responsável pela existência do fenômeno *hooligan*. Porém, essa cultura da masculinidade se manifesta sobretudo nas camadas mais rudes das classes trabalhadoras, onde há maior desigualdade entre os sexos, fortes características patriarcais e baixos níveis de cidadania. Os *hooligans* encontram seus rivais no mesmo nível social, de modo que os confrontos se dão com torcedores do mesmo clube ou de clubes rivais, com a polícia (o que para Dunning representa um confronto entre classes sociais, mas que pode ser visto como desafio à autoridade) e também com os próprios jogadores. As agressões nem sempre são físicas, podendo ser apenas verbais.

Essa masculinidade agressiva típica do modelo dos *hooligans* ingleses é extravasada em dias de jogos, dentro e fora dos estádios, em cantos de auto-exaltação e depreciação contínua dos adversários, acusados de homossexuais e efeminados. Os hinos de guerra próprios de cada grupo de *hooligans* são entoados no decorrer das partidas de futebol, fenômeno comum também no Brasil entre as torcidas organizadas locais.

Os confrontos físicos prestam-se também à finalidade de buscar identidade, significado e excitação agradável, tendo portanto uma origem racional, visto que os membros do sexo masculino desses grupos, pertencentes às camadas mais rudes do operariado, valorizam mais a luta e a intimidação física, tolerando um nível mais elevado de agressividade nas relações sociais. Isso significa que tais grupos não aprenderam a exercitar o autocontrole exigido pelas normas da sociedade urbana civilizada.

Sendo assim, para Dunning, basta uma causa para explicar o fenômeno *hooligan*: a masculinidade enquanto cultura de uma classe social específica, qual seja, a classe operária mais rude e mais atrasada do ponto de vista do exercício da cidadania e cuja masculinidade é do tipo patriarcal, impondo a desigualdade entre os sexos dentro dos lares, no mercado de trabalho, enfim, em todas as esferas da vida social.

Segundo o sociólogo francês Georges Magnane (1969), "é na classe de trabalhadores assalariados (operários e empregados) que o esporte exerce a sua mais forte atração e pode ter a mais profunda influência". Elias e Dunning, porém, não chegam a afirmar que é nessa classe social que o futebol tem mais apelo, e sim o maior número de espectadores violentos.

O que é novidade no mundo social *hooligan* é a sua ligação com grupos neofascistas e neonazistas ingleses, tais como o National Front. Essa faceta, retratada mais recentemente por Bill Buford e já indicada por Eric Dunning e Norbert Elias, constitui talvez a principal diferença entre os *hooligans* ingleses e os membros de torcidas organizadas de clubes brasileiros. O que ambos os grupos têm em comum, ressalvadas as devidas diferenças, é a masculinidade agressiva e certas características sociais de seus componentes, como por exemplo o fato de a maioria pertencer à camada baixa e pobre da sociedade.

Para Alba Zaluar (1997), os confrontos entre moradores de bairros pobres do Rio de Janeiro guardam uma diferença em relação àqueles verificados entre as gangues e quadrilhas das periferias das cidades norte-americanas:

> No Brasil, a rivalidade, que não exclui totalmente o conflito violento, era expressa na apoteose dos desfiles e concursos carnavalescos, nas competições esportivas, atestando a importância da festa como forma de conflito e socialidade que prega a união, a comensalidade, a mistura, o festejar como antídotos da violência sempre presente, mas contida ou transcendida pela festa.

Assim como na Inglaterra o futebol passou a ser controlado por regras coibindo a violência, na sociedade carioca passou-se a investir no samba e no esporte como forma de controlar a agressividade entre os diversos segmentos sociais. Como disse Zaluar (1998):

> No Brasil, além da inegável importância do esporte na pacificação dos costumes (...), tivemos também outro processo que se espalhou pelo país a partir do Rio de Janeiro: a instituição de torneios, concursos e desfiles carnavalescos envolvendo bairros e segmentos populacionais rivais. Assim, a cidade era representada como espetáculo ao mesmo tempo da rivalidade e do encontro dos diferentes segmentos e partes em que a cidade sempre esteve dividida.

Ou seja, no Rio de Janeiro o samba possibilitou a integração dos diferentes segmentos antagônicos, ao passo que os *hooligans* ingleses têm um corte de classe social claramente determinado. No Brasil, além do futebol, o samba também serviu de instrumento no processo civilizador e pacificador de nossa sociedade. Ainda segundo Zaluar (1998):

> Na sociedade assim pacificada, o monopólio estatal da violência legítima foi consolidado por mudanças nas características pessoais de cada cidadão: o auto-controle das emoções e da violência física, a diminuição do prazer de infligir dor ao adversário e destruí-lo na liberdade irrestrita da luta privada.

Em seu romance etnográfico intitulado *Cidade de Deus*, nome de um bairro popular do Rio de Janeiro, Paulo Lins focaliza as relações conflituosas dos moradores entre si e com o poder público, mais especificamente as polícias Civil e Militar, para nos mostrar como a lógica sedutora da juventude pobre se reproduz e deixa seu legado no retrocesso do processo civilizador carioca. Segundo essa lógica, o trabalhador é otário e desprovido de *status*, enquanto o bandido — o "vagabundo" — é visto como esperto que goza de um *status* local capaz de protegê-lo dos ataques morais. Além desse poder simbólico, o marginal tem acesso direto aos bens exigidos pela sociedade de consumo para se tornar uma pessoa respeitável. A possibilidade de consumo rápido e fácil, somada ao prestígio e ao *status*, confere à juventude pobre uma nova valorização simbólica e acesso material aos bens desejados, provocando assim um retrocesso no processo civilizador e na pacificação dos costumes. Embora assuma na prática atitudes que negam a necessidade do Estado e dos direitos e deveres da cidadania, ela reproduz o discurso que reclama do abandono pelo Estado na educação, na saúde, no emprego, enfim, nos setores sociais. Como observa Zaluar (1997), no caso das torcidas e das galeras, existem outros valores, além dos materiais, que tornam mais complexo o problema:

> Embora a quase totalidade dos membros das galeras seja de estudantes e trabalhadores, esses jovens, para escapar da marca de "otário" — alguém a quem falta esperteza, alguém que se submete ao trabalho por salário baixo e que não se veste nem consome como os ricos —, dão enorme importância aos bailes e às brigas que assinalam as divisões territoriais entre os bairros. (...) mais humilhante do que ser pobre é ser bobo, identificado com quem não tem disposição para brigar.

Analisando as quatro principais torcidas organizadas dos clubes de São Paulo, Luiz Henrique de Toledo (1996) estabelece um paralelo entre os *hooligans* ingleses e os Carecas do Subúrbio paulistas, grupo que preconiza a intolerância e o ódio contra os nordestinos e adota um ideário político antiliberal. A seu ver, o torcedor organizado paulista se assemelha aos *hooligans* e aos Carecas no que tange à violência e à intolerância para com o outro. Só que, no caso do torcedor, o outro não está personificado num tipo social como o estrangeiro ou o nordestino, podendo ser qualquer um, desde o torcedor rival até o transeunte idoso.

Toledo também questiona a associação feita entre os torcedores organizados nacionais e os *hooligans* na questão do radicalismo político. Se lá os *hooligans* podem estar ligados a grupos nacionalistas e xenófobos, o mesmo não acontece com os torcedores paulistas, por exemplo, que a seu ver não têm qualquer vínculo com os Carecas do Subúrbio.

No caso aqui estudado, também não constatei nenhuma ligação desse tipo. Recentemente identificou-se em Nova Iguaçu um grupo de torcedores flamenguistas cuja sede exibia insígnias nazistas e cujos membros eram acusados de fomentar a discriminação contra homossexuais. Porém esse grupo não tem ligações com a RRN nem com nenhuma torcida organizada do Flamengo. Aliás, seria contraditório torcedores flamenguistas da Baixada Fluminense nutrirem preconceito contra negros e nordestinos, já que a maioria deles se enquadra nesse perfil. No entanto, não seria novidade se de fato discriminassem os homossexuais, como já fizeram algumas torcidas organizadas do Flamengo em relação a um grupo autodenominado Flagay, torcida que foi extinta pelos próprios flamenguistas logo após a sua fundação.

Viu-se que o esporte serve para suprir carências sociais, como quer DaMatta, para quem o futebol faculta a experiência da igualdade social inexistente na vida social brasileira. Viu-se também que a violência nesse esporte, segundo Toledo, revela um completo divórcio "dos indivíduos com a esfera pública, com os direitos e deveres dos cidadãos". Por outro lado, fala-se no crescente processo de banalização da violência e da transgressão observado nos grandes centros urbanos brasileiros.

Seja como for, não se sugeriu uma tese fundamental, qual seja, a de que a violência, ritual ou real, não ocorre sem que nas relações pessoais se dê um incremento: a ascensão dos membros mais "viris" e machos das torcidas organizadas em detrimento dos mais contidos e menos agressivos. O que parece claro nesses grupos é uma diminuição do autocontrole, necessário a uma convivência civilizada e com um mínimo de harmonia, em favor da afirmação exaltada dos machos e poderosos perante o inimigo vencido e humilhado.

O esporte ainda hoje é visto como uma atividade tipicamente masculina, sobretudo nas classes trabalhadoras. Ou seja, ele se apresenta como uma área masculina reservada, tanto para a sua prática pelos esportistas quanto para a sua apreciação pelo público. No Brasil, o futebol tem ainda um público predominantemente masculino, e a presença feminina nas torcidas organizadas é insignificante, embora esteja se formando agora uma torcida organizada feminina no Vasco da Gama, movimento ainda incipiente. O futebol é uma área tão masculinizada que os homens indiferentes à sua prática são tachados de efeminados e homossexuais, assim como as mulheres que o apreciam são qualificadas como masculinizadas e lésbicas.

Essa masculinização do esporte pode ser explicada pelo fato de se tratar de atividade que exige muita força física, principalmente os esportes mais violentos, para os quais tradicionalmente, por condições sociais e biológicas que não cabe examinar aqui, os homens sempre estiveram mais preparados do que as mulheres. Ainda segundo Dunning e Maguire (1997), na era eduardiana:

> Por causa da necessidade constante de "guerreiros" para a guerra dos bôeres, por exemplo, a educação física tornara-se obrigatória nas escolas do Estado. Aulas de ginástica destinadas às massas vieram agregar-se ao aprendizado de chefia através dos jogos praticados nas escolas públicas. (...) No nosso entender, em uma situação de conflitos cada vez mais marcados entre as classes e as nações, os objetivos de grupos como o dos partidários dos lazeres racionais se tornavam utópicos, sendo submergidos pelo vínculo crescente entre o esporte e o ensino de formas agressivas de masculinidade com o objetivo de formar as diversas fileiras do exército.

No entanto, para Dunning, à medida que no processo civilizatório na Inglaterra, com a formação do Estado-nação, o monopólio da violência e a auto-restrição crescem e tomam forma, a violência e a agressividade ligadas à masculinidade tendem a desaparecer, ou pelo menos a diminuir, sobretudo nas camadas médias e altas da sociedade. Já entre as classes trabalhadoras mais rudes a masculinidade vigoraria por mais tempo, até elas se incorporarem plenamente ao processo civilizatório, compartilhando os direitos da cidadania e os sentimentos de auto-restrição. Essa auto-restrição da masculinidade veio facilitar a entrada das mulheres no esporte, tendo propiciado:

> a) a apropriação relativa, pelas mulheres, de poder em grau suficiente para exigirem, com sucesso cada vez maior, entrar naquilo que era no início um campo reservado exclusivamente aos homens; b) no âmbito

da ideologia e dos valores, uma evolução conexa das formas socialmente aceitáveis de *habitus*, de identidade e de comportamento nas mulheres; e c) as reações masculinas, positivas ou negativas, frente ao crescimento do esporte feminino.

Para Dunning, os avanços científicos e tecnológicos ajudam a diluir os poderes masculinos, na medida em que possibilitam o manuseio mais fácil das armas de guerra e dos instrumentos tradicionalmente usados pelos homens. Outros fatores que a seu ver contribuíram para equilibrar o poder entre os sexos foram os meios modernos de controle da natalidade, que reduziram o número de partos por mulher, e a invenção dos tampões higiênicos, que atenuou os efeitos das menstruações.

Mas o avanço do processo civilizatório e, por conseqüência, a expansão do poder das mulheres na sociedade em geral não ocorrem sem que os homens reajam de alguma forma, buscando no esporte, por exemplo, um refúgio para o exercício da masculinidade, já que é nesse espaço que eles procuram se afirmar como portadores de valores másculos e viris. Para Dunning, ainda resta uma explicação sociológica a ser dada na relação entre os sexos no esporte: é a de que os esportes necessitam de uma série de serviços prestados benevolentemente pelas mulheres que interiorizaram o esporte como área reservada masculina, e não têm tais serviços prestados de forma recíproca e gratuita, mas sim interessada. E mais: o lançamento de dúvida, pelos homens, sobre a feminilidade das mulheres praticantes e entusiastas dos esportes, e também por mulheres que aceitaram a dominação masculina, pelo fato de os homens estarem melhor estabelecidos nesta área, qual seja, o esporte, e por elas se sentirem, naturalmente, excluídas.

Cabe pois indagar: será o processo civilizatório capaz de solucionar toda a problemática dos gêneros e da dominação masculina promovendo a distribuição de poder entre os sexos? E certas questões morais que permanecem na sociedade urbana, tais como honra e vergonha, virilidade e virgindade, serão facilmente resolvidas pelo equilíbrio de poder?

CAPÍTULO 3

A Raça Rubro-Negra: paixão sem compaixão

Estrutura e história da torcida

A estrutura organizacional da RRN inclui diretores e presidente, eleitos de dois em dois anos, e conselheiros, além de um corpo de ouvidores das respectivas regiões, encarregados de levar às reuniões com a diretoria e a presidência suas principais reivindicações. Com base em estatutos formais e estrutura empresarial, a RRN tem sua ordem hierárquica legal, podendo ser considerada uma dominação burocrático-legal, no sentido weberiano. Os associados devem contribuir com R$18 a cada três meses, trimestralidade que teoricamente lhes garante desconto na compra de ingressos, passagens em ônibus alugados para assistir a jogos fora do Rio, bonés, gorros, camisetas, calças, *shorts* e cartões telefônicos da RRN. Essa "contribuição" é usada para custear material como faixas, bandeiras e instrumentos de percussão, o aluguel da sede, eventos oficiais e o envio de torcedores a jogos em lugares mais afastados do Rio de Janeiro. Essa estrutura lembra a de um sindicato ou associação, estando porém a serviço do esporte e entretenimento de atores que buscam representação no seu clube, sem a ajuda oficial ou formal de sua direção. Assim, as torcidas que seguem esse modelo se denominam torcidas independentes, o que não as impede de eventualmente participar da direção dos clubes. No Flamengo, por exemplo, passaram a fazer parte da diretoria três membros da Torcida Jovem, chamados de diretores amadores pela imprensa esportiva, entre eles o famoso Capitão Léo, "mentor intelectual" dessa torcida e candidato à presidência do Flamengo em 2000.

No *site* oficial da RRN na internet, já mencionado anteriormente, pode-se ter acesso ao texto a respeito de suas origens, adiante reproduzido na íntegra. Segundo essa fonte, a formação dessa torcida obedece a um padrão comum às organizações populares surgidas na década de 1970 e muito bem descritas por Alba Zaluar, ou seja, sua fundação não envolveu nenhum apoio formal ou informal por parte de órgãos estatais. Aqui parece ter ocorrido justamente o contrário, pois os fundadores da RRN chegaram mesmo a ser investigados pelos organismos de repressão estatais. Segundo a própria RRN:

> Por todos estes motivos, o DOI-Codi resolveu interrogar nossos fundadores. Uma organização que se chama "Raça", tem camisa vermelha, o símbolo é um punho cerrado e tem por lema o "Maior Movimento de Torcidas do Brasil", e canta "Ó meu Mengão...", que era uma adaptação de um canto de guerra da UNE, realmente poderia causar desconfiança... O punho cerrado saindo do mapa do Brasil, como símbolo da facção, surgiu anos mais tarde, por causa das grandes caravanas promovidas pela Raça.

Vale lembrar, no entanto, que no primeiro governo de Leonel Brizola (1983-86) a administração do Maracanã abriu espaço no estádio a todas as torcidas organizadas. Espaço que foi fechado no governo seguinte (Moreira Franco) e reaberto no segundo governo de Brizola (1991-94). Além disso, mais recentemente, a campanha de Garotinho ao governo estadual contou com o apoio explícito da Torcida Jovem do Flamengo. E nas eleições para vereador em 2000 a RRN apoiou os nomes de Marcelo Tijollo, seu ex-presidente, e Patrícia Amorim, nadadora do Flamengo.

À presença da torcida no estádio antecede todo um ritual (descrito mais adiante em duas ou três ocasiões específicas) de preparação dos vários núcleos de torcedores organizados do Rio de Janeiro ou

O COMEÇO DE TUDO

Há 57 anos os estádios brasileiros são freqüentados por torcidas organizadas. Poderíamos afirmar que as facções foram surgindo e modificando-se através das gerações, criando uma divisão interessante.

A Charanga do Flamengo, fundada por Jaime de Carvalho em 1942, foi a "primeira geração" de torcidas organizadas do Brasil.

Nos anos da repressão, veio a "segunda geração" de facções (surgidas entre 1967 e 1970), mas ainda seguindo o modelo da primeira geração, não inovando, apenas tentando se afirmar num período difícil em que as baionetas calavam as vozes da liberdade.

A "terceira geração" surgiu nos tempos da Abertura, começando em 1977 e terminando em 1983: é a ultima formação das grandes facções brasileiras e o surgimento da maior delas, a **RAÇA RUBRO-NEGRA**.

HISTÓRIA DE UMA RAÇA...

Em 24 de abril de 1977, contra os "portugueses", nascia a maior torcida organizada do C. R. Flamengo. O marketing no esporte, hoje tão em moda, já era usado pelo pessoal da **Raça** em 1977, como Cláudio nos conta: "Foi uma época em que era moda fundar uma torcida. Às vezes, num jogo só, ou no primeiro jogo das facções, estas tinham 500 integrantes; no segundo jogo, 350; no terceiro jogo, 200; até chegar a 50 integrantes, como a Fla-12, que nasceu na mesma época que a **Raça**". Ele continua: "Com a **Raça** foi muito diferente. Muito antes de a torcida ser fundada, seis meses antes, já colocávamos vários cartazes pelo Maracanã, íamos às rádios — o lema 'O MAIOR MOVIMENTO DE TORCIDAS DO BRASIL' surgiu na Rádio Nacional — para divulgar a futura torcida". Cláudio conclui: "No dia da estréia da **Raça,** nós tinhamos confeccionado 300 camisas, mas apenas 50 foram postas à venda; no jogo seguinte, outras 50, e assim as pessoas viam que a **Raça** estava crescendo".

Quando a torcida nasceu, os integrantes assistiam aos jogos sentados — como todas as torcidas brasileiras — mas, para provar realmente que esta torcida queria inovar e "jogar" com o time, no decorrer do ano de 1977 essa história foi mudando porque havia momentos em que a **Raça** levantava até que as garrafadas a obrigavam a sentar novamente. Mas num jogo — que ninguém sabe precisar qual — os associados resolveram assistir o jogo em pé, mesmo tomando garrafada na cabeça, mudando a história das arquibancadas. Por muitos jogos houve resistências, mas com tempo, ao ouvirem "é, é, é, a nossa **Raça** só assiste o jogo em pé!", as pessoas levantavam-se automaticamente e empurravam o Mengão para mais uma vitória. Fomos a primeira torcida organizada do Brasil a acompanhar os jogos em pé, porque quem joga o faz de pé, sentado é reserva (o camisa 12 citado acima), começando então a diferença... e a **Raça** nasceu para ser a número um!

Porque nada somos, se o Flamengo nada for.

"SOMOS A MAIOR E MAIS INFLAMADA TORCIDA DO MUNDO, IMITADA SEMPRE, MAS NUNCA IGUALADA."

mesmo de outros estados,[4] rumo ao *locus* privilegiado do futebol carioca e, em particular, dos jogos do Flamengo, já que esse clube não possui um estádio condizente com o tamanho de sua torcida.[5]

A passagem pela sede presta-se não apenas à compra de ingressos, mas também ao encontro com torcedores de outras regiões, o que faz parte do processo de socialização da torcida. É onde eles se reúnem para comentar as vitórias sobre outros times e para reforçar seu etos guerreiro, demonstrando sua superioridade por meio do estímulo constante a atitudes violentas e agressivas que tornem aquela torcida respeitada e temida por tais características. Como muitos desses grupos vêm dos subúrbios cariocas e da Baixada Fluminense, freqüentemente tais encontros se realizam em frente à estátua de Belini, dada a impossibilidade de chegar até a sede da RRN no centro da cidade do Rio de Janeiro.

Cumprida ou não essa passagem (no duplo sentido, físico e ritualístico), o destino final é o Maracanã. A caminho do estádio, esses grupos cantam seus gritos de guerra particulares e coletivos. Geralmente a viagem é feita em algum veículo alugado pelos torcedores, desde um ônibus urbano ou de turismo até kombis, *vans* ou mesmo caminhões. Mas podem ser usados também transportes públicos, como trens, metrô e ônibus. Nesse caso a viagem é mais tensa, podendo a situação fugir ao controle quando se dá o encontro "inesperado" com torcedores organizados de outros clubes, sobretudo os da Força Jovem do Vasco, o maior inimigo.

Isso pode se traduzir em confronto real, como me foi relatado por um torcedor que foi assistir a um jogo entre Flamengo e Vasco pelo campeonato estadual de 1998: "Vínhamos pro Maraca no metrô quan-

---

[4] Isso é mais comum nos jogos decisivos disputados pelo Flamengo, quando comparecem ao estádio núcleos de torcedores organizados de cidades de outros estados próximas do Rio de Janeiro, como Juiz de Fora, Paraíba do Sul, Cachoeiro de Itapemirim etc.

[5] Somente o Vasco da Gama possui estádio próprio com capacidade para 30 mil pessoas. Em São Paulo, até o Guarani e a Ponte Preta, clubes com torcidas menos numerosas, possuem estádio próprio. Menos o Corinthians (assim como o Flamengo, o mais popular).

do encontramos um grupo de alemães da Força e eles começaram a provocar a gente do outro vagão; só tinha uns cinco, e éramos uns 20. Pô, Raça não leva barulho pra casa. Arrebentamos aquela porta que divide os trens e caímos no pau com eles; no final voou até extintor de incêndio". E concluiu: "Não podemos dar mole pra eles, levamos duas camisas e uma bandeira daqueles cuzões. O povão vazou, tudo cuzão também".

Até pode ser que muitas dessas histórias não passem de bravata de torcedor. Porém, como não cabe aqui apurar a verdade dos fatos, o mero desejo de que sejam verídicas mostra bem o quanto esses torcedores organizados estão propensos à violência dentro dos transportes públicos em dias de jogos. Em seu polêmico livro *Consumidores e cidadãos* (1997), Nestor Garcia Canclini assinala que é impossível e mesmo inútil conferir tais informações, mas adverte que elas são importantes porque deixam transparecer as idéias, os desejos e os simbolismos desses personagens.

Assim, os torcedores organizados tendem a evitar os meios de transporte públicos, preferindo alugar kombis e ônibus não só por medida de segurança, mas também para garantir a coesão do grupo, pois a caminho do estádio eles podem reforçar as suas relações de amizade, cantar seus hinos de guerra e discutir táticas de combate ou fuga no caso de toparem com torcidas organizadas rivais.

No Maracanã, o ponto de encontro dos torcedores do Flamengo é a entrada do Belini, que dá acesso às arquibancadas à esquerda das cabines de rádio, habitualmente reservadas àquele clube. Já os torcedores do Vasco da Gama costumam entrar pela rampa da Uerj e vão ocupar as arquibancadas à direita das cabines de rádio. As torcidas do Fluminense e do Botafogo não têm posições fixas no Maracanã. O Fluminense ocupa o lugar do Flamengo quando não joga contra este, o mesmo fazendo o Botafogo em relação ao Vasco.

Portanto, em frente à estátua do Belini reúnem-se todos os grupos das torcidas organizadas do C. R. Flamengo. Os grupos menores são mais silenciosos e discretos ao chegarem, enquanto os mais numerosos promovem sua pequena festa com seus cantos e gritos de guerra e seus movimentos que lembram os de uma galera em baile *funk*. Alguns vêm com mais de uma centena de componentes, em geral vestindo camisas da RRN com a identificação de sua região de origem.

Após esse primeiro encontro, entoando hinos de guerra no melhor estilo *funk* e formando o chamado "mulão", eles se dirigem às arquibancadas, onde ocupam o segundo espaço à esquerda das cabines de rádio, demarcado por uma enorme faixa esticada à altura do placar eletrônico com o nome da torcida e os dizeres: "O Maior Movimento de Torcidas do Brasil". Lá chegando, esses grupos deixam de lado a sua identidade local e passam a interagir com os demais grupos de "Raças", cantando e celebrando seus ídolos e provocando seus desafetos e principais inimigos.

Uma coisa é certa: seja qual for o clube contra o qual o Flamengo esteja jogando — Fluminense, Botafogo, Olaria, Madureira, Corinthians, Santos ou mesmo um time estrangeiro — será sempre citado o nome de Eurico Miranda, polêmico dirigente vascaíno há mais de 10 anos e o maior inimigo da RRN, como ele próprio faz questão de ser considerado. No entanto, na década de 1970 e até meados da de 80, o principal inimigo dos rubro-negros era o Fluminense F. C., clube de onde surgiu a equipe de futebol do próprio Flamengo. De modo que essa rivalidade é efêmera, podendo modificar-se conforme a conjuntura do futebol carioca, com a ascensão ou decadência deste ou daquele clube.

Nas arquibancadas, os vários núcleos locais e regionais da RRN se fundem para formar essa massa não mais anônima, e sim qualificada e identificada como torcida organizada, que uma hora antes das partidas já começa a agitar-se lançando provocações às torcidas adversárias.[6]

A esses núcleos vêm juntar-se outros grupos que, mesmo não estando ligados a nenhum comando local ou regional, não podem ser chamados de torcedores independentes porque também pertencem à

---

[6] Empregamos o termo no plural porque, como já foi dito, podem ser invocadas diferentes torcidas do clube adversário.

RRN. Como pude constatar em entrevistas com membros de grupos regionais, esses torcedores "individualizados" são os que correm maior risco no caso de haver confronto com torcidas rivais, pois se acham em menor número e mais "soltos".

Para evitar confrontos do lado de fora, esses torcedores costumam ingressar no estádio com a camisa oficial da torcida organizada escondida por baixo de uma camisa "curinga". Os membros de grupos regionais também entram no Maracanã vestindo a camisa "curinga", mas com menos freqüência, pois para eles é mais fácil apresentarem-se como um grupo coeso que partilha das mesmas expectativas em relação a possíveis confrontos com torcedores rivais organizados.

Mas, estando todos esses torcedores vestindo camisas "curingas", como então aconteceria o confronto nas ruas e dentro dos transportes públicos? Como eles se diferenciariam para iniciar o confronto? Pela rede de relacionamentos nos seus bairros, pela identificação com a sua localidade, por pequenos símbolos despercebidos e pelas próprias partidas de futebol no Maracanã. Muitas vezes esses confrontos ocorrem mesmo por engano, só pelo fato de uns torcedores não "irem com a cara dos outros", a chamada "bronca".

Não consta que os torcedores organizados sejam sempre pacíficos com os torcedores não organizados, ou o "povão", como eles mesmos chamam. Isso vai depender de várias circunstâncias, como por exemplo o número de componentes de cada grupo ou sua disposição naquele dado momento. Se sua intenção for encontrar torcedores organizados de grupos rivais, não haverá problema para o "povão"; mas, se estiverem dispostos a provocar quem quer que encontrem pela frente, o "povão" não escapará. Muitas vezes, a violência contra o "povão" tem por finalidade saquear seus pertences, como camisas, bandeiras etc. Porém esses "saques" não são valorizados porque, como me disse um torcedor organizado, "não tem graça ganhar nada do povão. Geral acha que isso tudo é otário. Legal é pegar os alemão, os bacalhau, tomar a camisa deles pra queimar na bancada. Mas os moleque aí fazem muito". Esses fatos ocorrem antes ou depois dos jogos, mas é durante o intervalo das partidas que o produto dos saques — bandeiras, camisas e faixas — costuma ser queimado como forma de provocação às outras torcidas organizadas, inclusive do mesmo clube.

Enquanto a maior parte da torcida está no estádio cantando e aguardando o início da partida, os principais núcleos organizadores da torcida organizada estão, como eles mesmos dizem, "trabalhando". Enquanto os membros mais altos da escala hierárquica se encarregam de repassar os ingressos aos filiados e amigos na frente do estádio, outros fazem passar pelos portões do estádio faixas, bandeiras, balões e os instrumentos da bateria da torcida, cuidando para que nenhum objeto se perca e a fiscalização dos policiais militares transcorra sem maiores problemas.

Não raro, consegue-se fazer chegar às arquibancadas rojões e fogos de artifício, proibidos pela polícia e a Suderj. Isso, segundo informantes, graças ao suborno de policiais militares por meio de ingressos para serem repassados aos cambistas ou, ainda, a uma troca de favores entre a polícia e a RRN: esta proíbe seus membros de usarem drogas ilícitas dentro do estádio, devendo os transgressores serem entregues aos policiais.

Em mais de um ano de trabalho de campo, poucas foram as vezes em que pude observar o uso de drogas ilícitas no espaço da Raça, e somente numa ocasião um torcedor foi entregue à polícia por estar bêbado e causando tumultos. Já na Torcida Jovem do Flamengo é mais comum o uso dessas drogas, razão pela qual ela é alvo de maior repressão por parte da Polícia Militar.

Cumpridas essas etapas, esticam-se as faixas na arquibancada e entram em ação os instrumentos da bateria, enquanto não chegam as bandeiras. A entrada das bandeiras representa a entrada oficial da torcida nas arquibancadas do Maracanã e ocorre cerca de 20 minutos antes do início de cada partida, quando os times ainda se encontram nos vestiários. Assim como num ritual religioso em que os objetos materiais mais importantes só podem ser tocados pelos membros mais elevados na escala hierárquica, quem carrega essas bandeiras são torcedores que gozam de certo *status* por terem comprovada habilidade no seu manuseio, o que requer não apenas força física, devido ao seu peso, mas também senso estético para executar uma elaborada coreografia.

Além disso, somente após autorização do núcleo de torcedores já instalados nos seus devidos lugares é que as bandeiras entram pelas galerias de acesso, percorrem quase metade de toda a arquibancada reservada aos torcedores do Flamengo e vão sendo por eles saudadas com seus hinos e gritos de guerra.

Quando as bandeiras chegam ao local onde se encontra a RRN, um sentimento de euforia toma conta dos torcedores. As bandeiras ostentam as mais variadas insígnias, quer dos núcleos regionais das torcidas organizadas (tais como símbolos e personagens ligados à violência, tanto do cinema norte-americano quanto da história mundial), quer da própria RRN (um pulso cerrado, em cor vermelha, saindo do mapa do Brasil).

Vale dizer que essa torcida sempre assiste aos jogos de pé, costume que segundo a RRN foi por ela introduzido para se destacar dos torcedores não organizados e para mostrar maior dedicação ao time, sendo também uma forma de sacrifício físico em nome de uma entidade maior. Hoje, porém, praticamente todas as torcidas organizadas fazem o mesmo.

Esses gritos de guerra, promovendo o autolouvor e a depreciação da masculinidade da torcida adversária, cessam momentaneamente quando o Flamengo entra em campo, vindo do túnel que dá acesso ao vestiário. Nesse momento, a torcida canta o hino do Flamengo e repete em coro, um a um, os nomes dos jogadores escalados para a partida. Alguns deles, que por algum motivo estão em busca de apoio ou têm maior afinidade com o clube, trazem consigo para dentro de campo o símbolo de alguma torcida organizada. Esses jogadores são saudados mais efusivamente, assim como os que tenham caído nas graças da torcida por terem talento ou "garra", ou por serem "matadores".[7]

---

[7] Goleadores.

Os jogadores talentosos e de personalidade mais marcante em geral se tornam ídolos (se forem do Flamengo) ou inimigos (se forem de time adversário). No primeiro caso, temos como exemplos recentes Renato Gaúcho, Romário e Edmundo, que enquanto jogaram no Flamengo e serviram a este clube provocando a torcida ou o time adversário sempre foram exaltados com algum mote ou *jingle* específico. Porém, a partir do momento em que deixam o Flamengo, esses jogadores deixam de ser heróis para se tornarem vilões, traidores e mercenários, passando a ser provocados como eram antes pela torcida adversária. Às vezes, quando por suas declarações ou atitudes um jogador se identifica com o Flamengo mas acaba por deixar o clube, tal inversão não ocorre, como foi o caso de Romário, que mesmo ao transferir-se para o Vasco da Gama, atual arquiinimigo do Flamengo, não foi hostilizado pela torcida.

Eis outro exemplo de inconstância da torcida: se o Flamengo estiver perdendo, um jogador que cometa muitas falhas será vaiado sempre que tocar na bola. Porém, basta que ele seja responsável por algum lance que mude o resultado do jogo para a torcida imediatamente transformá-lo em herói.

Tudo isso mostra que as torcidas apóiam ou hostilizam os jogadores conforme o desempenho deles em campo. A relação com seus aliados e ídolos só dura enquanto eles satisfazem aos desejos e anseios dela. A partir do momento em que um jogador, dirigente, ou técnico frustra as expectativas das torcidas organizadas, ele se torna um vilão, mercenário e traidor, sendo por elas hostilizado. Já no caso de Zico e Júnior, por exemplo, que sempre satisfizeram às expectativas da torcida do Flamengo, essa relação torna-se muito especial, sendo unanimemente reconhecidos o seu talento e seus serviços prestados ao clube. Assim, o comportamento dos torcedores nas arquibancadas reflete vivamente todas as contradições dessa relação, pois é nesse espaço que se manifestam mais intensamente as paixões das torcidas organizadas.

É nos momentos decisivos dos campeonatos que a RRN demonstra todo o seu fervor pelo clube e sua capacidade de congregar os mais diversos segmentos sociais em torno de um só desejo: a vitória. Pude testemunhar isso na segunda partida decisiva realizada em 1999 contra o Vasco da Gama, na qual essa torcida deu a tônica do comportamento dos demais torcedores do Flamengo. Durante os 90 minutos de jogo, toda aquela massa não cessou de exaltar o nome de seu clube e de seus jogadores, ao mesmo tempo em que depreciava a virilidade da equipe e da torcida adversárias. Era impossível resistir à emoção coletiva. Todos na arquibancada gritavam e pulavam, fazendo tremer todo o anel do Maracanã. Quando veio o gol da vitória, estampou-se no rosto dos torcedores uma expressão indescritível. Findo o jogo e conquistado o campeonato ao principal rival, pessoas que nunca se viram antes se abraçaram e beijaram, exaltadas por verem suas expectativas enfim cumpridas. Naquele momento deixaram de existir diferenças entre grupos ou classes sociais. Unidas num só grito de euforia, a geral, a arquibancada, as cadeiras e a tribuna de honra compartilhavam dos mesmos valores e sentimentos. Ao reencontrar os torcedores que eu vinha acompanhando desde as 12h daquele dia, um deles sintetizou o seu sentimento de orgulho numa só frase: "A Raça venceu o campeonato!"

À época em que eu fazia trabalho de campo para esta pesquisa, ganharam destaque na mídia esportiva duas figuras carismáticas, o "Máscara" e "Mister M",[8] respectivamente adotados como símbolos do Flamengo e do Vasco da Gama pelas principais torcidas organizadas desses clubes, a Raça Rubro-Negra e a Força Jovem do Vasco. Fantasiados daqueles personagens, esses dois torcedores parecem querer assim reviver outras épocas, ocupando o espaço deixado por outros que igualmente personificaram seus clubes e gozaram de momentos de glória junto às suas torcidas, como por exemplo o "Pó de Arroz", símbolo da torcida do Fluminense na década de 1980, ou o "Abelha", da Raça Rubro-Negra, ou o Jaiminho, chefe da Charanga do Flamengo, ou ainda o "Zé do Rádio", do Sport Recife em Pernambuco.

---

[8] Respectivamente, protagonista do desenho animado do mesmo nome e apelido do mágico que revelava os truques do ofício num programa de televisão.

Vale lembrar que ultimamente, na véspera de jogos decisivos, quando é maior a possibilidade de violência devido à presença de numerosas e aguerridas torcidas organizadas, a mídia esportiva tem apelado para o carisma e a credibilidade desses dois personagens, "Mister M" e o "Máscara", no intuito de convencer os torcedores a se comportarem pacificamente no estádio.

No final dos anos 1980, surgiu nas arquibancadas do Maracanã um movimento de torcedores homossexuais do Flamengo, denominado Flagay, que reivindicava o direito de torcer pelo seu clube tal qual os outros grupos organizados. Tal movimento, no entanto, logo se tornou alvo de chacotas por parte das torcidas de outros clubes, de modo que os flamenguistas, sobretudo aqueles ligados à Raça Rubro-Negra e à Torcida Jovem do Flamengo, viram-se na obrigação de resgatar a sua "honra". Assim, algum tempo depois, a Flagay deixou de aparecer nas arquibancadas, tornando-se apenas uma lembrança na memória dos torcedores.

Torcidas amigas e inimigas

As alianças entre torcidas organizadas de clubes de diferentes estados visam exclusivamente à troca de apoio e infra-estrutura, não envolvendo nenhum compromisso político ou mesmo "ideológico". No eixo Rio-São Paulo, por exemplo, a Raça Rubro-Negra esteve por algum tempo aliada à Gaviões da Fiel, do Corinthians, ligação que posteriormente deu lugar a uma aliança com a Torcida Independente do São Paulo, também desfeita em seguida. Assim, até o campeonato estadual de 1999, a RRN não mantinha nenhum vínculo com torcidas organizadas paulistas. Já a Torcida Independente do São Paulo esteve ligada à Young Flu até meados da década de 1990, quando então aliou-se à RRN, depois substituída pela Torcida Jovem do Flamengo, sua aliada até hoje.

Em Minas Gerais, a RRN mantém ligações com a maior torcida organizada do Clube Atlético Mineiro, a Galoucura, enquanto a Força

Jovem do Vasco é a principal aliada da maior torcida organizada do Cruzeiro, a Mancha Azul. Já no Paraná, a RRN aliou-se à Flanáticos, principal torcida organizada do Atlético Paranaense, cujas cores são as mesmas do Flamengo.

A Força Jovem do Vasco mantém com a Mancha Verde do Palmeiras uma sólida aliança, que deu origem a um movimento vascaíno ainda incipiente, denominado Mancha Negra. Vale lembrar que, após um conflito ocorrido dentro de campo entre a Mancha Verde e a Torcida Independente do São Paulo, as torcidas organizadas daquele estado ficaram proibidas de ingressar nos estádios portando faixas, bandeiras e instrumentos musicais.

Tal proibição, porém, não foi suficiente para reduzir os conflitos entre as torcidas organizadas, como pude constatar ao assistir em São Paulo a uma partida pelo Campeonato Brasileiro de 1998 entre Flamengo e São Paulo.

O fato de o Flamengo estar então mal colocado naquela competição não motivou sua torcida a comparecer em peso a um jogo realizado em outro estado e ainda por cima transmitido ao vivo para o Rio de Janeiro. Tanto assim que seguimos para São Paulo numa única *van* e a viagem foi tranqüila, sem os habituais transtornos de uma excursão de torcida organizada. Lá chegando, rumamos para o estádio acompanhados pela RRN de São Paulo, cujo chefe, apesar do forte sotaque paulistano, chamava-se "Carioquinha".

No caminho, explicaram-nos o motivo do reduzido número de torcedores: como a Raça brigara no ano anterior com a Torcida Independente do São Paulo durante um jogo contra o Palmeiras no Parque Antártica, sede deste último, eles não tinham mais nenhuma aliança com torcidas locais, estando pois vulneráveis diante de outras torcidas organizadas daquele estado.

Ao entrarmos no estádio do Morumbi, fomos conduzidos a um pequeno setor das arquibancadas reservado à torcida visitante e cercado por policiais, onde se achavam outros torcedores do Flamengo, assim identificados pela camisa do clube mas sem vínculo com torcidas organizadas. Também nós não trazíamos conosco nenhum símbolo que nos identificasse como torcida organizada, dada a proibição vigente nos estádios paulistas. Mas, como pude observar, isso não impede que essas torcidas se comportem tal como antes, mantendo-se nos mesmos lugares, cantando os mesmos hinos e gritos de guerra, fazendo as mesmas provocações.

Nem a violência nem a intimidação foram abolidas dos estádios paulistas, como pudemos comprovar ao receber o recado, através de um diretor da Torcida Jovem do Flamengo, de que poderíamos ter problemas à saída do jogo. Em face da superioridade numérica da torcida paulista, os membros da RRN que tinham ido a São Paulo e os que eram de lá optaram por uma retirada estratégica no início do segundo tempo da partida. Isso mostra que a proibição dos símbolos das torcidas organizadas não basta para pôr fim à violência ritual praticada por esses grupos nos estádios. Ao contrário, pode até dificultar a identificação dos responsáveis pelos distúrbios. Do mesmo modo, o fechamento e a proibição dessas organizações pode dificultar a intervenção dos órgãos públicos interessados na sua pacificação, uma vez que foram apreendidos todos os cadastros dos torcedores a elas filiados tão logo foram interditadas pelo Ministério Público. Não pretendo sugerir aqui uma política de intervenção pública, mas o fato é que tais medidas não surtem o efeito desejado, como atestam as notícias divulgadas pela imprensa e mesmo esta rápida investigação etnográfica realizada em São Paulo.

CAPÍTULO 4

Dia de jogo: espírito esportivo?

Durante o trabalho de observação participante realizado com o Grêmio Recreativo Movimento Cultural Raça Rubro-Negra, assisti a jogos de futebol do C. R. Flamengo em competições realizadas em 1998 e 1999 (Campeonato Brasileiro, Copa Mercosul, Torneio Rio-São Paulo, Campeonato Carioca e Copa do Brasil), compareci a reuniões das regiões Tijuca e ilha do Governador e, por último, fiz entrevistas na sede dessa agremiação.

Os preparativos e os personagens

Os jogos importantes do C. R. Flamengo são marcados por elaborados rituais previamente ensaiados, sobretudo os jogos decisivos, quando existe a expectativa de conquistar um título aos rivais.

Quais são os preparativos para o jogo? Com antecedência, a direção da RRN solicita ao C. R. Flamengo uma cota de ingressos que ela julga necessária para atender aos seus membros — em média, para um jogo de grande apelo são 500 ingressos. Mais ou menos quatro horas antes do início da partida, grupos de torcedores da RRN, formalmente filiados ou não, mas sempre portando símbolos dessa torcida e cantando seus hinos e gritos de guerra, saem de seus bairros rumo ao estádio em veículos alugados ou qualquer meio de transporte público.

Para a ida ao Maracanã, esses grupos costumam marcar encontro nos mesmos locais onde se realizam as reuniões semanais de suas respectivas regiões. No caso da ilha do Governador, trata-se de um local chamado de "submundo", próximo ao centro comercial desse bairro, onde existem alguns restaurantes e uma casa noturna tida como ponto de prostituição.

Na Tijuca, as reuniões acontecem num bar chamado Boca do Barão, estabelecimento pertencente a um português vascaíno e onde convivem pacificamente pôsteres dos times campeões do Vasco da Gama e troféus conquistados pela RRN-Tijuca em torneios internos. Segundo um torcedor, esta seria uma estratégia do grupo para que a Força Jovem do Vasco "pensasse duas vezes antes de destruir o ponto de encontro da RRN naquele bairro, uma vez que o dono do bar é portuga e vascaíno".

As reuniões se caracterizam por um alto grau de informalidade e descontração. As da Tijuca são regadas a cervejas e petiscos, e a conta, dividida por todos. Às vezes, segundo me disse um entrevistado, elas se realizam numa praça próxima ao bar, quando os membros da torcida estão sem dinheiro para pagar as despesas.

Fora da pauta da reunião, os assuntos são os mais variados e vão desde a nova namorada de certo membro da torcida ou a briga com um torcedor de um grupo rival até um determinado traço físico de algum novo membro ou o caráter de certo torcedor que costuma retirar-se do bar antes que chegue a conta.

As reuniões destinam-se a atribuir tarefas, deliberar sobre algum assunto e arrecadar fundos para atividades em geral ligadas às partidas de futebol: o aluguel de um ônibus, a compra de bandeiras e camisas da RRN local ou o custeio de alguma excursão a outro estado para assistir a jogos do Flamengo.

São comuns as gozações entre esses torcedores, que também costumam simular brigas para mostrar quem é o "mais forte e mais homem", quem manda no grupo. Mas ninguém chega a machucar-se nessas "brigas", que são mera exibição de virilidade e espírito guerreiro.

Em geral lideradas pelo membro mais aguerrido e que está há mais tempo no grupo, essas reuniões, realizadas normalmente às quartas-feiras, servem também para marcar a hora do encontro para ir ao estádio, definir o meio de condução e traçar as estratégias a serem adotadas nos confrontos, sempre ansiosamente aguardados, com torcedores de grupos adversários. A maioria dos participantes tem entre 14 e 19 anos, mas outros torcedores mais velhos costumam ser ouvidos por sua maior experiência e conhecimento das estratégias de combate e histórias sobre confrontos passados.

Um caso na Tijuca chama a atenção: o torcedor tem 27 anos, é filho de um pastor da Igreja Assembléia de Deus, cursou até a 7ª série do 1º grau, não trabalha, não tem carteira de identidade nem qualquer documento de identificação, como CPF ou caderneta escolar, apenas a carteira da RRN e uma cópia rasgada da certidão de nascimento. Como encarregado de levar a bandeira da torcida para os jogos internacionais e sem grande apelo para o público pagante, foi ele quem levou e estendeu a faixa da torcida num jogo do Flamengo em Buenos Aires pela Copa Mercosul, tendo feito o mesmo num jogo em Salvador pelo Campeonato Brasileiro, com tudo pago pela torcida. Tais viagens são feitas de ônibus e podem durar uma semana, ou seja, implicam despesas com diárias de hotéis. A situação de um torcedor como esse é contraditória: por um lado, sua função é considerada importante e lhe traz satisfação; por outro, segundo um torcedor, o referido porta-bandeira "não faz nada para ninguém, não estuda e não trabalha; se perguntarem para ele o que ele faz, ele vai dizer que é um raça. Um sujeito desses só serve para isso mesmo; se não tivesse a Raça, o que ele seria? Um merda completo".

A faixa de renda desses torcedores é variada: há desde guias turísticos, donos de videolocadoras e *office-boys*, passando por estudantes de 2º grau de colégios particulares ou públicos (a maioria) e estudantes universitários, até desempregados sustentados pelos pais. Vêm de todas as regiões desses bairros, das mais nobres às mais pobres, mas a maioria pertence às camadas mais humildes das classes trabalhadoras.

Um aspecto curioso é a assiduidade dos torcedores às reuniões. Há um núcleo mais fixo, que exerce o comando da região, e outro rotativo, que aumenta ou diminui conforme a colocação do Flamengo na tabela dos campeonatos disputados. Assim, a quantidade de ingressos para os jogos a ser solicitada à direção da torcida é estipulada em função do número de torcedores presentes às reuniões semanais.

Nas assembléias deliberativas da RRN, que reúnem a diretoria e todos os representantes das "regiões", expõem-se os problemas de cada uma delas e decidem-se os rumos da agremiação.

Dia de jogo

Como vimos, cerca de quatro horas antes dos jogos é o prazo marcado para os encontros dos grupos de torcedores organizados em seus bairros. Contando com os inevitáveis atrasos, efetivamente a saída só acontece uma hora depois. Nesse intervalo são convocados por telefone os retardatários, e a expectativa dos confrontos aumenta a cada minuto, refletindo-se no rosto de cada torcedor ali presente.

Os torcedores da RRN temem ser "escoltados" ou mesmo encurralados por um grupo de torcedores armados da Força Jovem do Vasco ou de outra torcida inimiga, como a Young Flu, a Força Flu ou a Torcida Jovem do Botafogo. A expectativa começa no dia da reunião, quando eles marcam a hora e o local do encontro para ir ao estádio. Já então se ouvem frases como: "os cara vão vir de bicho solto", ou "eles vão descer esta rua pegando os moleque da pista e passando fogo na gente se a gente ficar de bobeira na pista".

Essa tensão é vivida na caminhada até o Maracanã, no caso da Raça-Tijuca, ou na espera em pontos de ônibus urbanos ou estações de trem e metrô. Sempre existe a possibilidade de surgirem pela frente os "caras da Força", os "alemão" ou qualquer outra torcida rival disposta a brigar. Alguns, mais imaginativos ou "espertos", vendo o inimigo em toda parte, chegam mesmo a precisar: "os caras andam num carro Verona com tantos e armados".

Numa ocasião, enquanto esperavam seus companheiros no já tradicional ponto de encontro, o bar Boca do Leão, para ir a um jogo entre Flamengo e Corinthians, torcedores da 5ª Região da RRN (Tijuca) deliberavam sobre a melhor maneira de chegar ao Maracanã. Alguns preferiam ir de ônibus porque não queriam servir de "bucha" caso encontrassem no caminho membros da Gaviões da Fiel, os quais estariam em maior número por terem vindo juntos de São Paulo. Outros, porém, pretendiam ir para o estádio a pé e tachavam os primeiros de covardes, ou "peidões".

Como prevalecesse a vontade do segundo grupo, a caminhada da praça Saens Peña até o Maracanã foi empreendida sob grande tensão e expectativa. A certa altura, ao avistarem um rapaz com roupas parecidas com o uniforme da Gaviões da Fiel, foram ao seu encalço e só o soltaram após ter provado não ser torcedor do Corinthians. Tudo isso porque dois torcedores da RRN disseram ter visto uma turma da Gaviões da Fiel circulando nas imediações do bar, após ter agredido um grupo que jogava bola na praça.

Assim, a caminhada para o Maracanã prosseguiu com os torcedores portando paus e pedras, prontamente descartados à passagem de um policial, mas substituídos por outros mais adiante. O confronto só teve início em volta do Maracanã. A PM estava reforçada pela tropa de choque e cavalaria. Corintianos que desciam de seus ônibus em frente à estátua de Belini, ponto de concentração das torcidas do Flamengo, eram provocados pela massa rubro-negra que já ali se encontrava bebendo cerveja e comendo sanduíches vendidos pelos ambulantes.

Os corintianos revidaram as provocações, de modo que o confronto tornou-se inevitável. Os membros das torcidas organizadas do Flamengo avançaram sobre os "alemão", o que levou a polícia montada e a tropa de choque a tentar apartá-los distribuindo cacetadas indiscriminadamente. A certa altura, como os torcedores rubro-negros acusassem aos berros os corintianos de estarem armados, os policiais os obrigaram a entrar em fila para serem revistados e surrados, para grande contentamento dos flamenguistas que presenciavam a cena às gargalhadas. Vale notar que nesse confronto estavam envolvidos não só os torcedores filiados às torcidas organizadas, mas também o chamado "povão".

No trajeto até o Maracanã, os membros da RRN não costumam trazer à mostra as camisas dessa torcida organizada para não serem identificados pelas torcidas adversárias e também para não correrem o risco de perder um dos despojos mais cobiçados nessas brigas entre torcedores. O torcedor que consegue apoderar-se da camisa de outro numa briga ganha prestígio e *status* entre os seus, enquanto o perdedor fica desmoralizado perante o seu próprio grupo, sendo chamado de "fracote" e "bucha".

Num desses confrontos a que assisti, um membro da RRN arrebatou a bolsa do uniforme de um membro da Gaviões da Fiel e foi ovacionado pelos outros torcedores do Flamengo. Essas bolsas, faixas, camisas e bandeiras da torcida organizada adversária às vezes são queimadas dentro do estádio no decorrer da partida, mais freqüentemente nos jogos entre Flamengo e Vasco. Mas isso não impede que o torcedor de um clube adversário seja agredido mesmo sem estar vestindo a camisa de sua torcida organizada, pois basta dar mostras de alguma identificação com aquele clube para ser considerado inimigo.

Parece mesmo haver entre esses torcedores a expectativa ou o desejo de que os preparativos que antecedem uma partida descambem em violência e confrontos, ficando um sentimento de frustração coletiva quando isso não acontece. Os jogos em que a violência não pode ser exercida por algum motivo, como por exemplo o fato de o clube adversário ter torcidas organizadas reduzidas ou inexpressivas, ficam esvaziados dessa tensão e dessa expectativa de violência. Há pouca "adrenalina"! Em tais ocasiões é comum os torcedores organizados tomarem como alvo de suas provocações mesmo aqueles que não têm nenhuma identificação com o "inimigo", como transeuntes, ambulantes e gandulas, apenas para não deixar de haver "zoação" ou para "não perder a viagem". Certa vez, ao final de um jogo de basquete entre Flamengo e Vasco da Gama, como a torcida vascaína já tivesse deixado o estádio escoltada pela Polícia Militar, os torcedores do Flamengo passaram a provocar os funcionários da Suderj com os mesmos gritos de guerra entoados contra torcidas inimigas.

Para assistir à final do Campeonato Carioca de 1999, a RRN 10ª Região (ilha do Governador) fretou um velho ônibus que chegou ao local marcado com cerca de duas horas de atraso, causando assim grande agitação entre os torcedores, já desconfiados de alguma cilada da Força Jovem do Vasco. O motivo alegado para o atraso era confuso: primeiro, o desencontro com o torcedor que acertara o frete; depois, o enguiço do ônibus.

Enquanto isso, o diretor da 10ª Região tentava comunicar-se com a sede da RRN, pois a intenção da "galera" era levar até lá o "bonde" para pegar os ingressos que já lhes haviam reservado. Além disso, a sede é o local onde costumam reunir-se os torcedores de diversas regiões da RRN para compartilhar da euforia que antecede esses jogos. No entanto, certo grupo de torcedores era contrário a essa idéia, alegando que o ônibus ficaria lotado de "caronas" que não haviam pago pelo "bonde".

Durante a espera, ao avistar um ônibus que cruzava levando torcedores com a camisa da Força Jovem do Vasco, um grupo de flamenguistas atravessou a rua e pôs-se a correr atrás dele inutilmente. Julgando que o ônibus voltaria para surpreendê-los, a maioria dos presentes armou-se de paus e pedras, e alguém chegou trazendo "proteção": um morteiro para ser usado no caso de alguma emboscada do inimigo.

Os contatos telefônicos com a sede continuavam sem resposta, de modo que a tensão e a expectativa cresciam entre esses torcedores, receosos de estarem "dando mole para os caras da Força".

Quando finalmente o ônibus chegou, ao verem o motorista usando um boné e uma camisa do Vasco da Gama, alguns viram confirmadas as suas expectativas de que se tratava de uma cilada. Desfeitas as dúvidas e acomodados todos no ônibus, o diretor local ordenou ao motorista que os conduzisse a um determinado local da ilha do Governador para encontrarem outros dois ônibus fretados pela Torcida Jovem do Flamengo.

Ainda na ilha do Governador e com menos de cinco minutos de viagem, um dos torcedores da RRN já havia quebrado um vidro do ônibus sem que o motorista tivesse tomado conhecimento do fato, tamanha era a algazarra ali dentro. Esta cessou momentaneamente, porém, quando passaram diante da 37ª DP, pois o diretor local ordenou-lhes que não fizessem nenhuma "zoação" para evitar problemas com a polícia.

A viagem prosseguiu sem que fosse necessário decidir se passariam ou não pela sede da RRN: dado o avançado da hora, só restava seguir direto para o Maracanã tomando a Linha Vermelha e evitando as imediações do estádio de São Januário, onde fica concentrada a torcida do Vasco.

A caminho do estádio, os dois outros ônibus alugados pela direção da Torcida Jovem do Flamengo seguiam com alguns torcedores instalados no teto e outros debruçados nas janelas, batendo na carroceria do veículo, cantando músicas da torcida e, segundo o pessoal do ônibus da Raça, fumando maconha e cheirando cocaína.

Em frente à estação de São Cristóvão, na praça da Bandeira, uma *blitz* da Polícia Militar mandou parar os três ônibus. Os policiais revistaram os passageiros e os veículos mas, como nada encontraram — o morteiro trazido pelos torcedores da RRN fora habilmente escondido num buraco da lataria do ônibus —, finalmente foram todos liberados.

Ao chegarem ao Maracanã, os torcedores desembarcaram em frente à estátua de Belini, onde já se formara uma multidão aguardando o momento de entrar no estádio. Nesses dias de jogos decisivos no Maracanã, pode-se perceber uma atmosfera de momento extraordinário, no sentido proposto por Roberto DaMatta. Assim, os torcedores da RRN-Ilha do Governador se espalharam na multidão, após terem combinado um ponto de encontro para esperar o ônibus que os levaria de volta. Alguns seguiram em direção à entrada da torcida vascaína, batendo no peito e fazendo sinais de provocação aos adversários, que revidaram com os mesmos gestos, mas não havia possibilidade de confronto, pois um cordão de 20 policiais com cachorros fazia o isolamento das torcidas no estádio: flamenguistas de um lado, vascaínos do outro.

Terminado o jogo, todos foram encontrar-se no local combinado. Enquanto comemoravam a conquista do campeonato bebendo cerveja, esperavam ansiosamente o regresso do ônibus. Meia hora depois do horário combinado, como o ônibus não chegasse, alguns decidiram seguir a pé até a praça da Bandeira. A expectativa de confronto com torcedores adversários aumentava a cada passo, até que surgiu alguém para avisar-lhes que pela frente "tinha muita gente de ferro, quem tiver peito de aço, pode seguir!"

Nas ruas o clima era um misto de exaltação, com fogos e carros buzinando, e de medo, com policiais circulando por toda parte e muitos boatos sobre confrontos entre torcedores.

Os torcedores da RRN-Ilha decidiram então dividir-se: cinco retornaram ao Maracanã para tomar um táxi de volta ao seu bairro, enquanto os demais seguiram pela praça da Bandeira para pegar um ônibus na Leopoldina. Mais tarde, um deles travou comigo o seguinte diálogo:

— Viemos zoando muito.
— Mas zoando como?
— Ah, cantando, batucando na lata do ônibus, e ninguém perturbou a gente. Aí nós vimos lá na entrada da Ilha um ônibus quebrado. Foi o pessoal da TJF, eles são foda. Não vêm nos ônibus alugados pra vir nos comuns zoando todo mundo.
— Como assim, zoando todo mundo?
— Ah, se eles vêm no ônibus alugado não tem graça pra eles, os moleque prefere vir sacudindo, zoando, roubando e batendo nos bonde comum".
— Mas batem em todo mundo ou só em vascaínos?
— Em quem eles quiserem...

Em 7 de junho de 2000, como parte do trabalho de campo, fui assistir a um jogo importante para a classificação do Flamengo à final do Campeonato Carioca daquele ano. A partida seria disputada numa quarta-feira à noite em Nova Friburgo contra o time daquela cidade, mas dessa vez não fui com a comitiva da RRN, e sim em companhia de amigos num ônibus alugado pelo próprio C. R. Flamengo.

Chegamos à sede do Flamengo, na Gávea, por volta das 14h, e enquanto aguardávamos a partida os torcedores recordavam suas experiências com os ônibus de torcidas organizadas, relatando as diversas formas de humilhação a que se sujeitam os novatos nessas viagens, desde o "corredor polonês" até ameaças de violência sexual, tudo isso com o objetivo de mostrar-lhes quem "manda" e quem "obedece" no grupo.

Chegou enfim a hora de partir, e assim tinha início mais uma viagem para aqueles torcedores, e mais uma vez ali estava eu em companhia dos flamenguistas, devendo tornar-me também um flamenguista. No ônibus lotado vinha também um vendedor de bugigangas, tais como faixas, bandeiras e gorros do Flamengo. A bordo bebia-se muita cerveja, e alguns fumavam maconha dentro do toalete, para evitar que o motorista sentisse o cheiro.

Ao atravessar a ponte Rio-Niterói, cruzamos com a caravana da RRN. Estavam ali estacionados mais de 10 ônibus, todos lotados de jovens com camisas do clube e daquela torcida. Segundo soubemos, a caravana havia parado no posto da Polícia Rodoviária Federal a fim de solicitar socorro médico para um torcedor que se machucara ao pôr a cabeça para fora da janela. Ele estava sendo então atendido por uma ambulância e mais tarde seria liberado.

Seguimos viagem, e os diversos gritos de guerra entoados ao mesmo tempo pelos torcedores já embriagados faziam de nosso ônibus uma verdadeira babel flamenguista. Somente o hino do Flamengo era cantado em uníssono, ante as ameaças inflamadas de alguns: "Vamos cantar! Quem não cantar vai apanhar!".

Havia a bordo apenas duas mulheres: a namorada de um torcedor e a irmã mais velha de outro, aparentemente incumbida da missão de acompanhar e proteger o caçula. Uns poucos elementos ligados a torcidas organizadas criavam um clima de tensão, temendo que a Força Jovem do Vasco nos preparasse alguma cilada ao passarmos pela praça de Alcântara, tradicional ponto de concentração daquela torcida. Mas por ali não vimos nenhum vascaíno e não havia nenhuma emboscada. Isso de certa forma confirma que esses torcedores parecem mesmo desejar que alguma coisa aconteça, podendo-se notar claramente toda a sua frustração quando não se deparam com torcedores rivais.

Tomando a estrada para Friburgo, sofremos a primeira *blitz* policial. Pediram-nos que descêssemos do ônibus trazendo nossos pertences, com "calma e ordem". Fomos todos revistados e, como os policiais nada encontraram, pudemos seguir viagem. Nas cidades e vilarejos por onde passávamos, pudemos notar que o comércio estava fechado. Isso porque, como ficamos sabendo após a nossa quinta *blitz*, um vilarejo fora saqueado por torcedores do Flamengo que por ali passavam num ônibus alugado.

Quando enfim chegamos a Friburgo, já eram cerca de sete horas da noite e a temperatura estava muito baixa. Desembarcamos em frente ao estádio onde se realizaria a partida e fomos comer alguma coisa. A cidade fora invadida por mais de 40 ônibus de flamenguistas, filiados ou não a torcidas organizadas. O clima era tenso e corria o boato de que já haviam depredado a sede local da Força Jovem do Vasco.

Os ônibus não paravam de chegar trazendo mais e mais torcedores, e uma enorme fila já se formava à frente do estádio, onde enfim entramos após testemunhar alguns tumultos entre os próprios torcedores do Flamengo, causados talvez pelo excesso de bebida. Formávamos agora um grupo pequeno. Dos 44 que estavam no ônibus, somente uma dezena se achava ali comigo, tendo os demais se espalhado pelo estádio.

A arquibancada do estádio estava tomada de flamenguistas, em sua maioria vindos do Rio de Janeiro. O espaço fora dividido principalmente entre a Raça Rubro-Negra e a Torcida Jovem do Flamengo. Toda vez que os integrantes da primeira tentava puxar uma *ola*,[9] esta era

---

[9] Movimento que os torcedores fazem nas arquibancadas do estádio e que se assemelha a uma onda (*ola*, em espanhol). Criada no México durante a Copa do Mundo de 1986, foi aqui adotada pelas torcidas organizadas.

interrompida quando chegava ao espaço ocupado pela segunda. A certa altura, a Torcida Jovem teve sua faixa arrancada por torcedores da RRN, o que acabou gerando alguma tensão nos momentos iniciais. Findo o jogo, porém, tudo acabou em festa, já que a vitória sobre o Friburguense classificava o Flamengo às finais do Campeonato Carioca e lhe assegurava o título de campeão do 1º turno, comemorado com invasão de campo, volta olímpica e muita cerveja.

Saíamos tranqüilamente do estádio rumo ao local marcado para tomar o ônibus, quando um dos torcedores que viajara conosco veio avisar-nos que tinha havido uma briga entre torcedores da Raça Rubro-Negra e da Torcida Jovem, tudo por causa da faixa que fora arrancada antes do jogo. Como vim a saber depois, "a Jovem esperou que boa parte da Raça fosse embora para enfrentar menos torcedores, pois a Raça sempre está em maior número".

Segundo me disseram alguns torcedores, essas duas torcidas "nunca se deram bem, pois a Jovem sempre ficava puta com a Raça porque a Raça sempre abafava a Jovem, e o povão por sua vez só acompanha a Raça". O último confronto teria ocorrido nas arquibancadas do Maracanã durante a decisão do campeonato estadual de 2000 entre Flamengo e Vasco: "Depois daquela briga na final, o Chiquinho [presidente da Suderj] chamou as duas torcidas e falou que, se eles continuassem brigando, ele ia acabar com as duas torcidas. Por isso, até agora não teve mais briga".

Em agosto de 2000, porém, a imprensa noticiou uma briga ocorrida na praça Saens Peña entre membros dessas duas torcidas após uma partida entre Flamengo e River Plate no Maracanã. A Polícia Militar interveio para acabar com o confronto, e um torcedor teve de ser internado no hospital do Andaraí.

Na volta de Friburgo para o Rio, alguns torcedores não deixavam ninguém dormir em paz, promovendo cantorias e batucadas sob pretexto de vigiar uma possível emboscada de vascaínos, fato que não ocorreu. Perto de São Gonçalo, os mais exaltados pediram ao motorista que se desviasse do trajeto para deixá-los mais próximos de suas casas.

Como ele se recusasse a atendê-los, puseram-se a protestar aos gritos e arrancar as cortinas do ônibus. Enfim chegamos ao Rio por volta de uma da madrugada. Alguns seguiram direto para o trabalho, enquanto outros provavelmente acordariam mais tarde, tendo de arranjar uma boa desculpa para o patrão. Um deles, ao ser indagado se não tinha medo de perder o emprego, respondeu: "Meu patrão é o Flamengo".

Insultos futebolísticos e afirmação da masculinidade

Em quaisquer espaços freqüentados por torcedores, é comum ouvir histórias de brigas ocorridas em dias de jogos. A imprensa noticiou uma delas, envolvendo membros da Torcida Jovem do Flamengo. Certa noite, quando a comitiva da Força Jovem do Vasco chegava de um jogo realizado em Friburgo entre Vasco e Friburguense, três integrantes da TJF passaram num carro disparando tiros na direção dos torcedores da FJV e atingindo alguns deles de raspão.

A polícia foi avisada e conseguiu prendê-los a tempo. Já na delegacia, identificaram-se como diretores da TJF. Pouco depois, estava lá um diretor do C. R. Flamengo para conseguir a libertação de seus amigos torcedores. Era o Capitão Léo, presidente da TJF nos anos 1980 e uma espécie de pajé entre os seus, também chamado pela imprensa de diretor amador.

Outras histórias de brigas nas ruas ou dentro dos trens e ônibus são menos conhecidas, mas sempre focalizam episódios em que os próprios flamenguistas saem vitoriosos. Embora atualmente o Vasco da Gama seja o principal adversário do Flamengo, também as torcidas de outros clubes são tidas como poderosas rivais.

É assim com a Força Flu, que embora pequena tem a fama de ser uma torcida de valentes e brigões e que só tem "caras sinistros". Já a Young Flu, maior torcida organizada do Fluminense, leva a pecha de "um monte de playboy cuzão". As torcidas do Botafogo também são tidas pelos flamenguistas como violentas.

Muitas dessas brigas são travadas com a polícia. No primeiro jogo entre Flamengo e Fluminense pelo Campeonato Carioca de 2000, a Força Flu disparou um morteiro na direção da geral. A polícia interveio imediatamente, irrompendo com truculência pelas arquibancadas e destruindo os instrumentos de percussão daquela torcida. Porém, numa cena digna de ser assistida por Nelson Rodrigues, os policiais militares, que não portam armas de fogo dentro do estádio por motivos de segurança, logo se viram cobertos pelo tradicional pó-de-arroz usado pelos tricolores antes do início dos jogos e, cercados pela torcida, tiveram de pedir reforço para poder sair dali.

A seguir reproduzimos alguns hinos e gritos de guerra entoados pela RRN durante as partidas do Flamengo. Além de serem uma forma de afirmação da masculinidade por parte dos membros de uma torcida organizada, eles servem para ilustrar o retrocesso do processo civilizatório que aqui se observa em vários setores da vida coletiva. Atualmente é impossível imaginar a presença das torcidas nos estádios brasileiros sem essas manifestações de sentimento coletivo.

Grito de guerra I

Torcer, lutar, ao inimigo massacrar
Raça Rubro-Negra!

Grito de guerra II

Nós somos casacas vermelhas
Com moral e vibração
Nós somos da torcida
A mais temida da nação
Somos fogo em movimento
No combate aproximado
Nós fazemos o inimigo
Pedir perdão pro seus pecados
Precede, lidera, Raça Rubro-Negra!

Hino das bandeiras

O-lê-lê,
O-lá-lá
A Raça vem aí e o bicho vai pegar (bis)
Se você não é rubro-negro
Trate logo de correr
Porque ela vem com seus guerreiros
Ela vem pra te fuder
Rubro-negro é assim mesmo
Dá porrada em qualquer um
(Mas que beleza) Que beleza,
O rubro-negro não tem medo de morrer

O Senhor

Erguei as mãos, a Força se fudeu
Erguei as mãos, a Força se fudeu
Erguei as mãos,
Que a Força Jovem se fudeu mais uma vez!
O Senhor, ele é flamengo
E flamengo eu também sou
Ele é da Raça, eu também sou
Da Raça do mengo!

Ó meu Mengão

Ó meu Mengão
eu gosto de você
quero cantar ao mundo inteiro
a alegria de ser rubro-negro
conte comigo Mengão
acima de tudo rubro-negro (bis)
Ó meu mengão...

Vamos Mengo

Ê vamos, vamos mengo (ô,ô)
Ê vamos, vamos mengo
Te adoramos, te amamos!

Porcomania

Eu prometo acabar, com a porcomania
Que atacou maus amigos, é a ordem do dia
Pois ser palmeirense, nunca foi fama de ser mal
Se não der na mão, eu brigo até de pau
Pode vir todo mundo, eu não temo ninguém
A Raça Fla mata um, mata cem
Tenham calma amigos, que a paz vai voltar

Vascaíno vai morrer

Vascaíno vai morrer
Vai pra fora do Brasil
Vai morar em Portugal
E vai pra puta que o pariu

Aonde vai o Mengão

Eu dou a volta
Eu pulo o muro
Eu fumo um bagulho
Assalto um banco
Na minha vida ninguém manda, não
Eu vou aonde vai o Mengão
Eu dou porrada pra valer
Eu boto a Força pra correr
Durante o jogo eu vou torcer
Após o jogo eu vou beber

O campeão é o Urubu

Vamos cantar mais uma vez
Pra sacudir essa Nação
Eu sou rubro-negro, não tenho medo
Eu sou flamengo de coração (bis)
O Bacalhau chupou o meu pau
O Pó de arroz chupou depois
O Glorioso tomou no cu

E o campeão é o Urubu
Vamos nessa minha gente
Vamos cantar até morrer
com muita garra e emoção
pra ver o Mengo ser campeão (bis)
O Bacalhau chupou o meu pau
O Pó de arroz chupou depois
O Glorioso tomou no cu
E o campeão é o Urubu

Samba da Raça

Flamengo, razão da minha vida
Raça-Fla minha torcida
Superior e soberana
Que todo fim de semana
Se empolga e se agita
Para o Flamengo incentivar
Disposição, disposição
O manto sagrado pra sempre eu vou honrar
Se preciso vou morrer pelo Mengão
Junto com a minha Raça-Fla
Eu sou da Raça com muito amor,
A Raça Rubro-Negra é o terror (bis)
(Mais a Raça) A Raça dá um *show* a cada dia
E a torcida contagia os jogadores do Mengão
Empurra o Fla pra todas as vitórias
E o seu passado é de glórias
de orgulho e tradição
Tem até quem desespera
Pois a Raça é quem lidera
Em território nacional
Mineirão, Pacaembu,
Onde o Flamengo for jogar, eu vou lá!
Vou com meu Mengão pelo meu Brasil inteiro,
Dando um *show* na arquibancada
E cantando o tempo inteiro
Vou com meu Mengão pelo meu Brasil inteiro,
Vou metendo a porrada
Raça-Fla só tem guerreiro
Flamengo, razão da minha vida...

Tentativas de pacificação e mudança de imagem

Como já foi dito, todo esse material foi extraído da *home page* oficial da Raça Rubro-Negra, mas seus dirigentes negam qualquer incentivo à violência contra outros grupos de torcedores. Ao contrário, procuram mostrar que buscam a paz e estão honestamente empenhados em obras sociais e de caridade. Segundo eles, isso não visa mudar a imagem de sua agremiação perante a mídia e a população, mas faz parte de sua própria maneira de ser. Assim, a direção da Raça Rubro-Negra divulga na internet uma longa lista de eventos e campanhas sociais de que tem participado, como por exemplo: Torcida Organizada pela Solidariedade — Campanha da Paz; Betinho Fome de Bola (doação de alimentos a creches e asilos); campanha de doação de órgãos, da Central de Transplante da Secretaria de Estado da Saúde de São Paulo; campanhas de prevenção contra DST/Aids; campanhas de doação de sangue etc.

Segundo o mesmo texto, a participação nessas campanhas tem por objetivo: "a) melhorar a imagem das torcidas organizadas perante a opinião pública; b) ajudar o futebol, tornando os estádios cada vez mais cheios; c) beneficiar as instituições e as pessoas carentes; e melhorar a imagem da nossa amada cidade".

Ainda nessa seção da *home page* da Raça Rubro-Negra é possível encontrar trechos dos agradecimentos enviados por essas instituições, como por exemplo este *fax* de Herbert de Souza (articulador nacional da Ação da Cidadania), aqui reproduzido:

> Foi com muita alegria que recebemos sua oferta de promover um evento para arrecadação de alimentos e brindes, a serem distribuídos às crianças carentes das creches Flor de Liz e Casa do Caminho. Desde já agradecemos a iniciativa da torcida e temos certeza de que nossa parceria será bem sucedida e mais um exemplo a ser reproduzido. A campanha se faz assim: com a participação de todos e o esforço de cada um.

Essa tentativa de melhorar a imagem das torcidas organizadas é uma estratégia para fazer face à ameaça de sua interdição, como ocorreu em São Paulo. Ao promover e divulgar tais eventos, as torcidas se mostram sensíveis à pressão da mídia e da sociedade para que diminuam a violência e os distúrbios nos estádios. Embora ainda não se observem resultados mais concretos, essa pressão certamente pode contribuir para pacificar e civilizar as torcidas organizadas, dando-lhes um sentido que vai além da mera rivalidade violenta, na qual estão ausentes o autocontrole e o respeito pelo adversário.

CONCLUSÃO

Procurei tornar tão abrangente quanto possível esta descrição etnográfica, mas temo haver deixado aqui algumas lacunas, dada a riqueza do material coletado durante o trabalho de campo. O convívio que pude estabelecer com os torcedores organizados me leva a crer que não cabe interpretar a violência manifestada por esses grupos como uma compensação das desigualdades sociais, muito embora a maioria deles faça parte das "camadas mais rudes das classes trabalhadoras", assim como os *hooligans*. Não pude identificar em seu discurso ou em suas manifestações nenhum sentimento de protesto contra o poder do Estado ou as injustiças e as mazelas sociais.

O que se nota é o constante desejo de se mostrar mais forte e poderoso que o outro, de se superar diante dele e de massacrá-lo, sem que esse outro assuma identidades sociais mais amplas, como a de outra classe, outra raça, outra etnia, outra nação. Esse "outro" muda constantemente, podendo ser o torcedor organizado de outro clube e até do mesmo clube, ou o policial militar que tenta pôr fim a um confronto, ou ainda o transeunte que é confundido com o membro de uma torcida rival.

Os torcedores organizados aqui focalizados parecem ter desaprendido o que Norbert Elias chama de "*habitus* civilizado", graças ao qual, como bem observou Alba Zaluar, os violentos confrontos diretos que se verificavam nos morros cariocas no início do século XX se deslocam para a música, os desfiles carnavalescos e os campos de futebol. Esse deslocamento que marcou a formação subjetiva da identidade nacional, ou essa idéia de que é possível haver rivalidade e confronto entre diversos segmentos sem que a violência extrapole as regras e normas estabelecidas, parece ter sido abolida pelos grupos de torcedores organizados nos anos 1990.

Para eles, assistir a jogos de futebol é importante, até porque se trata de uma forma de lazer barata. No entanto, o jogo não reflete as rivalidades e os confrontos entre os grupos sociais. A violência contra grupos considerados rivais, ainda que minimamente distintos, parece ser apenas um meio de exercer poder sobre eles.

Caberia então perguntar se essa violência se resume à questão da masculinidade. A resposta, como já vimos, é negativa. A preponderância da cultura da malandragem sobre a cultura do trabalho e da cultura holywoodiana de Rambos e Stalones sobre a cultura do conflito transferido da agressão física para as artes e o entretenimento também influi na transformação de uma identidade masculina sabidamente em crise.

Adquirir *status*, respeito, poder e domínio sobre os outros membros do grupo ou sobre os que de algum modo com ele se relacionam e interagem também faz parte dessa crescente presença do etos guerreiro em nossa sociedade ou pelo menos nas torcidas aqui pesquisadas. Mostrar-se mais forte, mais valente, mais macho e mais brigão é uma característica marcante dos membros das torcidas organizadas. Como raras vezes durante o trabalho de campo esses atores sociais se manifestaram em relação a questões que não fazem parte do espectro da masculinidade violenta, somos levados a crer que a violência entre os torcedores organizados é uma manifestação do etos guerreiro, ou seja, de um tipo de comportamento que privilegia o confronto violento, a agressividade viril e sobretudo a demonstração de superioridade física sobre o outro.

No entanto, a tese de Elias e Dunning segundo a qual tais manifestações do etos guerreiro e do ideal de macho se dão sobretudo nas camadas mais rudes das classes trabalhadoras talvez não se aplique especificamente ao Rio de Janeiro, onde elas se observam em outros segmentos da sociedade, como os brigões das boates das zonas oeste e sul, ou certos grupos de jiu-jítsu, ou ainda os chamados *pit-boys*, jovens cuja imagem está associada a cães ferozes e violentos. Tais grupos não pertencem às camadas mais rudes das classes trabalhadoras, e sim às classes média e média-alta do Rio de Janeiro, com acesso a ensino privado de qualidade e a bens de consumo de alto valor.

Aqui, portanto, além da cultura masculina agressiva comum a outras classes sociais que não apenas a trabalhadora, convivemos com o etos guerreiro. Parece estar em curso nos grandes centros urbanos deste país um processo de dessensibilização da sociedade em relação à vida humana e à violência. Tal processo intensificou-se com a fragilidade do monopólio estatal da força, diariamente ameaçado nas ruas e bairros do Rio de Janeiro e nas comunidades onde o tráfico de drogas exerce uma violência brutal para alcançar seus fins, seja destruindo quadrilhas rivais, seja enfrentando as polícias — que têm legitimidade para usar da força mas nem sempre se comportam dentro da lei — ou quem quer que ameace os seus interesses. Quando se passa a ver um bandido como esperto e um trabalhador como otário, pode-se também passar a ver com bons olhos os valores e as regras dos grupos que se caracterizam pelas práticas violentas, ou seja, passa-se a crer num ideal de masculinidade destruidor e desagregador.

Afinal, que espécie de masculinidade é essa que obriga o indivíduo a estar todo o tempo afirmando que é macho e mais macho que o outro? Será que é uma masculinidade frágil, que duvida de si mesma e por isso mesmo precisa estar sempre se reafirmando? Será que esses indivíduos se esqueceriam de que são machos se não lembrassem a si mesmos a todo instante que o são?

Outro aspecto a ressaltar é a interdependência — no sentido que Simmel e Elias emprestam ao termo — que se criou entre esses grupos de torcedores rivais. A existência da Raça Rubro-Negra está diretamente ligada à existência da Força Jovem do Vasco, e vice-versa. O adversário não é fixo, podendo ser substituído em função da conjuntura do futebol carioca, mas a existência da Raça-Rubro Negra está condicionada à sua identificação como adversária e inimiga de outro grupo qualquer de torcedores organizados, seja a Young Flu, a Torcida Organizada do Botafogo ou mesmo a Gaviões da Fiel. A rivalidade entre as torcidas organizadas independe de sua existência formal e jurídica, de modo que é inútil tomar medidas radicais visando interditá-las, como foi feito em São Paulo e ora se propõe no Rio de Janeiro.

O melhor caminho para diminuir a violência entre essas torcidas é contar com a sua existência legal e buscar interlocutores capazes de viabilizar um convívio, se não de todo pacífico, pelo menos isento de confrontação física. Querer abolir a rivalidade entre esses grupos é negar a essência do jogo e da disputa. O que compete à política pública e à sociedade é criar alternativas que garantam a coexistência desses grupos com maior grau de coerção e civilização. A questão da violência entre torcedores organizados no Brasil certamente é complexa, porém não envolve aspectos ligados ao racismo e ao nacionalismo, tão marcantes no mundo *hooligan* inglês e europeu, onde a violência antes, durante e depois das partidas é um fenômeno de maior abrangência, adquirindo uma dimensão internacional.

Para além da mídia americanizada e da masculinidade exacerbada, existem processos no Brasil que estão minando o monopólio legítimo da violência, de modo que é preciso averiguar em que medida certos fatores, como por exemplo a fraca participação na vida política nacional, estão igualmente contribuindo para aumentar a agressividade e a violência em alguns setores da sociedade, mais especificamente o que foi aqui focalizado: os jovens envolvidos nas torcidas organizadas de futebol. Estaria a cidadania sendo exercida agora no consumo e não mais na política, como sugere o antropólogo mexicano Nestor Garcia Canclini? Mas, onde ficam aqueles que estão à margem da sociedade de consumo?

Assim, identificamos três aspectos que podem ajudar-nos a entender melhor a violência atualmente praticada por alguns segmentos da juventude:

- a descrença no jogo político e na figura dos políticos tradicionais, por conta de escândalos sempre em evidência mas nunca esclarecidos, além do mau uso do dinheiro público;
- a rejeição das instituições que têm como função defender a lei, a ordem e a moralidade pública, visto que também elas estão envolvidas na corrupção, além de funcionarem mal, o que é ainda agravado pela impunidade permanente e pela fragilidade do sistema penal;
- a desmoralização das forças policiais, com o envolvimento de alguns de seus membros no tráfico de drogas e o desvio de armas para os marginais.

Entendemos que o aprofundamento dessas questões possibilitará responder à seguinte pergunta: será que o esporte, sobretudo o futebol, ainda é visto como o espaço das regras universais e democráticas e da meritocracia, mesmo depois dos recentes fatos envolvendo dirigentes, jogadores e empresários e amplamente divulgados pela imprensa na cobertura das CPIs do futebol? Tais fatos, embora apresentados como escândalos, parecem nem mesmo constituir novidade para a maioria da população.

BIBLIOGRAFIA

BOURDIEU, Pierre. A dominação masculina. *Educação e Realidade.* Porto Alegre, v. 20, 1985.

_____. Novas reflexões sobre a dominação masculina. In: LOPES, M. S. (Org.). *Gênero e saúde.* Porto Alegre: Artes Médicas, 1996.

BUFORD, Bill. *Entre os vândalos.* São Paulo: Companhia das Letras, 1990.

CANCLINI, Nestor Garcia. *Consumidores e cidadãos.* Rio de Janeiro: UFRJ, 1997a.

_____. *Culturas híbridas.* São Paulo: Edusp, 1997b.

CECHETTO, Fátima. As galeras *funk* cariocas: entre o lúdico e o violento. In: VIANA, H. *Galeras cariocas.* Rio de Janeiro: UFRJ, 1997.

DAMATTA, Roberto. *Carnavais, malandros e heróis.* Rio de Janeiro: Rocco, 1997.

DUNNING, Eric ; MAGUIRE, Joseph. As relações entre os sexos no esporte. *Estudos Feministas.* Rio de Janeiro: IFCS/UFRJ, v. 5, n. 2, 1997.

DURKHEIM, Émile. *As formas elementares da vida religiosa.* São Paulo: Paulinas, 1989.

ELIAS, Norbert. *O processo civilizador.* Rio de Janeiro: Jorge Zahar, 1993.

_____. *Os alemães.* Rio de Janeiro: Jorge Zahar, 1997.

_____; DUNNING, Eric. *Quest for excitement.* London: Blackwell, 1994.

_____; SCOTSON, John L. *Os estabelecidos e os* outsiders. Rio de Janeiro: Jorge Zahar, 2000.

GIDDENS, Anthony. *As conseqüências da modernidade.* São Paulo: Unesp, 1991.

GIULIANOTTI, R. Social identity and public order: political and academic discourses on football violence. In: GIULIANOTTI et al. *Football violence and social identity.* London: Routledge, 1994.

GUEDES, Simone. O futebol brasileiro — instituição zero. 1977. Dissertação (Mestrado) — UFRJ/Museu Nacional/PPGAS, Rio de Janeiro.

KATZ, Jack. *Seductions of crime.* Basic Books, 1988.

LINDSFARME, Nancy. *Variant masculinities, variant virginities. Rethinking "honour and shame".* London; New York: Routledge, 1994.

LOPES, José S. L. Esporte, emoção e conflito social. *Mana.* Rio de Janeiro: Relume Dumará, v. 1, n. 1, 1995.

_____. Le football brésilien, conflits sociaux et identité nationale. *Hérodote.* Paris: La Découvert n. 98, 2000.

MAGNANE, Georges. *Sociologia do esporte.* São Paulo: Perspectiva, 1969.

MAHER, Lisa. *Sexed work.* Oxford: Clarendon, 1997.

MAUSS, Marcel. A expressão obrigatória dos sentimentos; relações jocosas e de parentesco. In: OLIVEIRA, Roberto Cardoso de (org.). *Coleção grandes cientistas sociais.* São Paulo: Ática, 1980.

_____. Ensaio sobre a dádiva. *Antropologia e Sociologia.* São Paulo: EPU/ Edusp, v. 2, 1974.

MIGNON, Patrick. *La passion du football.* Paris: Odile Jacob, 1998.

MOURA, Gisella de Araujo. *O Rio corre para o Maracanã.* Rio de Janeiro: FGV, 1998.

MURAD, Maurício. *Dos pés à cabeça*. Rio de Janeiro: Irradiação Cultural, 1996.

RAMOS, Roberto. *Futebol. Ideologia do poder.* Rio de Janeiro: Vozes, 1984.

RODRIGUES, Nelson. *A pátria em chuteiras*. São Paulo: Companhia das Letras, 1998.

ROSENFEL, Anatol. O futebol no Brasil. *Argumento*. Rio de Janeiro: Paz e Terra n. 2, 1974.

SOUTO, Jane. Os outros lados do *funk* carioca. In: VIANA, H. *Galeras cariocas*. Rio de Janeiro: UFRJ, 1997.

TOLEDO, Luiz H. *Torcidas organizadas de futebol*. São Paulo: Anpocs, 1996.

VELHO, Gilberto. *Projeto e metamorfose*. Rio de Janeiro: Jorge Zahar, 1994.

VOGEL, Arno. O momento feliz do futebol. In: DAMATTA, Roberto (org.). *Universo do futebol*. Rio de Janeiro: Pinakotheke, 1982.

WEBER, Max. *Metodologia das ciências sociais*. Campinas: Unicamp/ Cortez, 1992.

ZALUAR, Alba. *A máquina e a revolta*. São Paulo: Brasiliense, 1985.

_____. *Condomínio do diabo*. Rio de Janeiro: UFRJ/Revan, 1994.

_____. Gangues, galeras e quadrilhas: globalização, juventude e violência. In: VIANA, H. *Galeras cariocas*. Rio de Janeiro: UFRJ, 1997.

_____. Para não dizer que não falei de samba: os enigmas da violência no Brasil. In: NOVAIS, Fernando (org.). *História da vida privada no Brasil*. São Paulo: Companhia das Letras, 1998. v. 4.

Esta obra foi impressa pela
Sermograf Artes Gráficas e Editora Ltda. em papel
offset Master Set para a Editora FGV
em outubro de 2003.